EL APRENDIZ

ASPIRANTE A APRENDIZ
SOY YO

LUIS ENRIQUE AGUERREVERE

Copyright © 2024 Luis E Aguerrevere Todos los derechos reservados

ISBN-13: 9798322107323

Diseño de portada por: Luis Castillo.

+58 (424) 5065548

@luiscastillog

luiscastillog.com

CONTENIDO

AGRADECIMIENTOS 6
PROLOGO 8
ARRIESGANDO 11
TODO EL MUNDO APRENDE 20
¿POR QUE ESTAN AHI LOS FRACASOS Y LOS ERRORES? 27
EL ERROR DE LOS ERRORES 34
LA CREATIVIDAD 38
EL ESFUERZO 44
LA CURIOSIDAD Y EL INTERES 49
¿QUE PASA CON EL TALENTO? 55
LA ESPERANZA 60
LA GRANDEZA 64
LA BONDAD 68
ORDENANDO EL CORAZON 73
LADRON DE SUEÑOS 78
LIBERTAD Y APRENDIZAJE 82
EL CEREBRO COMO SISTEMA COMPLEJO 86
PANTALLAS Y MAS PANTALLAS 91
TENEMOS ALMA 95
¿QUE ESPERA DIOS DEL APRENDIZ? 99
CONCLUSIONES 102

SOBRE EL AUTOR... *107*

AGRADECIMIENTOS

En primer lugar quiero darle las gracias a Dios, por todo lo que me ha dado, todo lo que me ha permitido y todo lo que me ha sucedido y a mi Virgen la Divina Pastora.

Quiero agradecerle infinitamente a Luis mi hijo y colega, quien tuvo años detrás de mí insistiéndome en que escribiera algo y ha sido siempre mi gran apoyo y estímulo en todo lo que hago.

A mis hijas Beatriz y Daniela, quienes con su cariño y generosidad, han aportado en todo sentido, durante toda mi vida y en especial en la escritura de este libro. A mis nietos, que son mis amigos y compañeros, Luis Guillermo, Elio Andrés, María Beatriz, Nacho, José Enrique y Alonso, de quienes he aprendido muchísimo y han sido modelos para mi inspiración como aspirante de aprendiz.

Agradezco a los lectores de los borradores de este libro, que tanto me han ayudado: Alfredo Suárez, Carlos José Suárez, Mahizlen Yusti, Herby Ranuare, Beatriz Josefina, Daniela, Luis Eduardo y Elio Andrés, quienes como grandes y eficientes aprendices han captado el mensaje de este humilde aspirante a aprendiz. Me han ayudado a aclarar ideas, a plasmarlas mejor y a hacer de estas letras algo comprensible y útil.

Y por último y no es la última sino la especial, a Beatriz mi esposa, mi editora particular, que sin ella este escrito no sería una realidad. Muchas gracias a todos y que Dios los bendiga.

PROLOGO

"... pero resulta que el que ha medio aprendido he sido yo."

Me propuse escribir este libro - aspiro a que llegue a ser un libro - porque toda mi vida he querido ayudar a los demás a aprender, pero resulta que el que ha medio aprendido he sido yo.

Quiero compartir algunas ideas de lo que he aprendido en ese camino de Aprendiz. Este libro no pretende ser un libro de autoayuda ni un manual de recetas sobre cómo aprender. Tampoco tengo la intención de dar tips sobre el aprendizaje. Lo que quiero es compartir mis ideas, algunas experiencias y algunos sentimientos que tengo sobre esta pasantía personal en el campo del aprendizaje.

El título del libro es El Aprendiz porque lo que me ha quedado es ser eso, un simple y modesto aspirante a aprendiz.

Cuando me gradué de bachiller, hace muchísimos años, lo que me motivó a estudiar Psicología en la universidad era poder aprender a ayudar a otras personas y en especial a otros jóvenes, en la adquisición de conocimientos, hábitos y todo lo necesario para lograr, en el futuro, obtener un oficio, una profesión, destacarse en un deporte o desarrollar una habilidad artística.

Este libro servirá para que conozcan lo que pienso, creo y practico en el aprendizaje, cosa que espero que con el tiempo se vaya modificando o consolidando, sabiendo que nada de lo que voy a decir es estático, perfecto, lineal o perenne.

En este libro me van a conocer algo y probablemente yo también me voy a dar cuenta de lo que necesito mejorar, rectificar, curiosear y profundizar para seguir siendo aprendiz. Si quieren conocerme más o saber más de mí pregúntenle a mi esposa, que ella sí me conoce de verdad, a veces tengo que preguntarle sobre mí mismo, pero lo natural es que ella me corrija y así aprendo algo más sobre mí, aunque a veces me niego a aceptarlo.

Este libro no es un libro de Psicología o para educadores, es un libro que se propone hablar de lo que vive un aprendiz durante su larga trayectoria o en un largo camino, donde aprender es su pasión.

Desde aprender a leer, escribir, patinar, jugar fútbol, nadar, estudiar y comunicarme, querer, amar, relacionarse con los demás, hablar con Dios, atender a mis pacientes, hacer Neurofeedback, disfrutar a mis hijos y a mis nietos. Todo esto ha sido parte de mi pasantía como aspirante a aprendiz.

Este libro está dedicado a Dios, a mi mamá que vive y tiene 99 años, a mi esposa, a mis hijos y a mis nietos, sin olvidarme de mi Venezuela a quien quiero tanto y que espero que mañana sea mejor que la de hoy.

A quien le guste este libro, será para mí una satisfacción y me gustaría que le sirviera de alguna manera en su personal aprendizaje y a quien no le pareciera, me gustaría conocer su opinión.

ARRIESGANDO

"Atreverse entonces es un aspecto o un punto de inicio muy importante en el aprendizaje."

Escribir sobre este tema no es fácil, porque hay mucha gente en el mundo que se ha dedicado a hacer investigaciones muy serias y han publicado muchísimas aplicaciones relacionadas con el aprendizaje. Sin embargo considero que una de las primeras cosas que uno debe hacer para aprender es arriesgarse: inscribirse en un curso, buscar un profesor, entrar a una academia de arte, comprarse una raqueta de tenis y conseguirse un instructor, etc.

Arriesgarse significa que uno quiere progresar, que quiere adquirir algo que no maneja bien, como por ejemplo, hablar otro idioma, tocar un instrumento musical o simplemente aprender a utilizar una aplicación de un programa de Computación para hacer videos con el teléfono.

Al inicio, muchas personas piensan que a través del aprendizaje no van a lograr la meta. Alguien dice: Yo no nací para aprender Matemáticas, por ejemplo, y no se arriesga a aprenderla.

Lo peor de no atreverse no es en el caso de aprender un oficio, asignatura, deporte o un arte. Más difícil es cuando la persona no se atreve a mejorar los comportamientos que tienen que ver con sus relaciones interpersonales. Por ejemplo, mejorar su comunicación, atreverse a hablar en grupo, bailar en una fiesta, hacer una exposición en un salón de clases o en un auditorio, declarársele a una muchacha que le gusta o expresar sus ideas, es decir, no se atreven a ser ellos mismos.

No nos arriesgamos a conocer a otras personas y a que nos conozcan, a hacer amistades y a expresar nuestra manera de ser, sin ofender a los demás. No nos atrevemos porque tememos la evaluación de los demás, sus críticas, sus diferencias y su rechazo.

Arriesgarse a aprender significa enfrentarse a hacer algo bueno, útil y necesario, tanto para nosotros como para los demás. Atrevernos a ser valientes para mejorar en algo, a dedicar tiempo, esfuerzo y dinero en algo que es bueno. Es decir atreverse a cometer errores o fracasar y seguir luchando por progresar.

Atreverse y arriesgarse a empezar es entonces un aspecto o un punto de inicio muy importante en el aprendizaje.

Arriesgarse hace sentir a la persona más auténtica, más segura de sí misma, sobre todo al inicio de su emprendimiento, para luego poder así sumergirse de lleno en el camino de aprendiz. Esto, de alguna manera produce en el que se atreve, el esforzarse a hacer lo mejor, para así alcanzar los logros que beneficien a los demás y a sí mismo.

Se arriesgaron los astronautas que pisaron la Luna por primera vez y se siguen arriesgando por el beneficio que le producen a la humanidad. Se arriesga una jovencita que ingresa a un convento y lo hace para Dios, para beneficio de los demás y por ella misma.

Los aprendices se atreven a cambiar de rumbo, cambiar de empleo, de oficio, de instrumentos y de todo lo que sea necesario.

Arriesgarse significa también dejar algo o cambiarlo para recorrer un buen camino.

Por supuesto, a veces nos arriesgamos por algo que no es tan bueno, pero ese no es el caso que nos interesa en este libro de El Aprendiz.

El aprendiz busca hacer las cosas que lo ayudan a crecer, a mejorar, a buscar el bien.

Aquí hablamos del Buen Aprendizaje y eso es lo que nos interesa, de lo malo tenemos mucho y no nos vamos a preocupar de ese punto en este escrito.

El aprendiz muestra su valentía haciendo el bien, lo que promete progreso y lo que sirve para el crecimiento colectivo.

Arriesgarse también tiene que ver con pequeños cambios. El aprendiz no solamente se atreve a realizar esfuerzos para emprender grandes metas o grandes acciones. El aprendiz se atreve o se arriesga a hacer cambios casi insignificantes, que al transcurrir el tiempo se manifiestan como logros importantes.

Con esto quiero decir que el aprendiz se atreve a arriesgarse de la misma forma en el proceso de aprendizaje, no solo al inicio o al final. Su atrevimiento está también en el proceso, en los pequeños pasos que va dando cada día.

Por ejemplo, en el caso de un atleta, y en específico un nadador, que quiere bajar sus marcas o hacerse más rápido, más veloz, trabaja generalmente muy duro, practica, hace dietas, cuida mucho su salud.

Pero también el nadador que atreviéndose a realizar cambios en su brazada, en su equilibrio en el agua o en algún trabajo en el gimnasio, puede que consiga hacer interesantes modificaciones que contribuyan a lograr mejores tiempos. Lo que sin arriesgase, solamente asistiendo a sus prácticas y poniendo mucho esfuerzo en su trabajo, no sería suficiente.

Ese atreverse a hacer cambios que podrían parecer insignificantes o de aparente poco valor, podrían ayudarlo a conseguir las metas de bajar sus tiempos.

El atrevimiento no se puede enseñar, tal vez inducir. Tiene que salir de adentro del aprendiz. El maestro, el entrenador, el guía o el coach, lo que pueden hacer es sugerirlo, promover el experimentarlo y practicarlo en algunas sesiones de trabajo, donde el aprendiz, con suficiente libertad y proponiéndole nuevas condiciones o restricciones, se vea en la necesidad de atreverse a hacer cambios o modificaciones que le permitan conseguir logros. Por ejemplo, podríamos pedirle a un alumno que defina un concepto utilizando solo dos oraciones o describir un objeto en solo tres líneas de escritura.

Lo importante es promover el atrevimiento del alumno, que salga de su zona de confort y que se vea en la necesidad de atreverse a crear.

El atreverse no es una respuesta automática a un estímulo. El atreverse implica la presencia de varios factores, entre ellos: la motivación, autoestima, experiencia, algunos conocimientos, un ambiente estimulante, el apoyo de otras personas, el ejemplo de otros compañeros y otras consideraciones como el orden, la voluntad, la inteligencia.

En pocas palabras, para arriesgarse se requiere de un conjunto de factores que no podemos manipular, como lo hacemos cuando escribimos en una computadora o en un teléfono.

Lo interesante de todo esto es que el atrevimiento es una característica muy natural del ser humano, pero hay que promoverla y hay que conocer mucho al aprendiz, respetar su manera de ser, su personalidad y ayudarlo a que consiga este atrevimiento tan necesario para su progreso.

El aprendiz se atreve a producir ideas, pensamientos y acciones que lo ayudan a dejar huellas en su caminar, en su historia.

Atreverse a dejar las redes sociales, atreverse a hacer cosas productivas, a leer literatura que llene su corazón, atreverse a hablar con Dios, todos esos atrevimientos son los que deben realizar los aprendices y contagiar a los demás a producir atrevimientos.

Les voy a contar sobre algunos venezolanos que se arriesgaron a ser aprendices y su vida nos confirma el grado de aprendizaje que lograron estos personajes.

Rafael Vidal

Vidal se atrevió a ser un nadador élite, que llegó a ganar la primera medalla olímpica para la natación venezolana. Ganó medalla de bronce en los 200 metros mariposa. No era un atleta de mucha estatura, pero se esmeró siempre en hacer lo mejor. También se destacó como comentarista deportivo en Venezuela. Estudió en los Estados Unidos, en la Universidad de Florida donde se destacó como atleta y estudiante. Murió el 12 de febrero del 2005 en un accidente automovilístico.

Simón Díaz, el Tío Simón

Se destacó como músico, compositor, poeta, humorista, caricaturista y empresario. El Tío Simón se atrevió a interpretar música llanera y se arriesgó a componer y cantar esa música criolla venezolana. Estudió Música y se arriesgó también a trabajar en una orquesta como cantante, tuvo excelentes programas de radio y televisión, su música llanera ha sido interpretada por muchos cantantes y músicos internacionales.

Armando Villalón

Villalón es un pintor y artista plástico nacido en Barquisimeto. Se atrevió a incursionar en la pintura cuando tenía unos 30 años de edad. A esa edad se inscribió como alumno en el Taller de Artes Plásticas del maestro Ramón Díaz Lugo. Se destaca por ser un gran paisajista y siempre está en la búsqueda de la perfección.

Armando Villalón es uno de los mejores ejemplos de aprendiz salido de su tierra Barquisimeto.

Leopoldo Aguerrevere

Fue pionero de la Obstetricia en Venezuela. Uno de los primeros médicos en Venezuela que se dedicó con exclusividad a la Obstetricia. Por más de 20 años ejerció como profesor de esa especialidad médica. Llegó a ser Jefe de la Clínica de Obstetricia de la UCV y fue elegido miembro de la Academia

Nacional de Medicina. Nació en Caracas en 1892 y muere en 1962. Su persistencia en el conocimiento y prestación de servicio en su especialidad lo llevaron a ser considerado como uno de los más grandes médicos de su época, gran ejemplo de los aprendices venezolanos.

Teodoro Capriles

Teo Capriles fue un destacado ciclista venezolano, también es considerado atleta, cantante, pintor y nadador. Ganó varias medallas en los Juegos Centroamericanos y del Caribe así como en los Juegos Bolivarianos. Como pintor realizó cientos de obras y como cantante perteneció al famoso Orfeón Lamas, donde cantó muchas veces como solista. Nació en 1907 y murió en 1982. Como vemos, Teodoro Capriles es otro destacado aprendiz venezolano. Se arriesgó en varias especialidades deportivas y artísticas, siempre demostró su empeño en esforzarse y superarse y ser ejemplo para los demás.

Lya Imber de Coronil.

Fue la primera mujer Médico en Venezuela, se arriesgó en un momento en que solo los hombres estudiaban y ejercían la profesión de Médico en Venezuela. Se superó tanto que llegó a ser la fundadora de la Sociedad Venezolana de Puericultura y Pediatría, así como también de la Liga Venezolana de Higiene Mental. Lya Imber fue pionera de aprendices entre las mujeres venezolanas. Nació en 1914 y murió en 1981.

Carolina Herrera

Carolina Herrera a los 42 años de edad se arriesga a ser diseñadora de modas, vistió a muchas reconocidas mujeres de todo el mundo, llegó a diseñar prendas de vestir para Jacqueline Kennedy Onassis. En los años 80 presentó su primera colección de modas y sacó al mercado su primer perfume. Carolina Herrera es muy respetada en el mundo de la moda, gran ejemplo de persistencia y de atrevimiento de una aprendiz venezolana.

Humberto Fernández Morán

Fue un destacado médico venezolano, fundador del Instituto Venezolano de Neurología e Investigaciones Cerebrales. Fue un reconocido científico en las Ciencias Físicas y Biológicas además de la Medicina. En 1967 ganó un premio internacional por inventar el bisturí de punta de diamante y contribuyó a mejorar el microscopio electrónico. El doctor Fernández Morán es otro ejemplo de aprendiz que dedicó su vida al progreso de las Ciencias y al beneficio y el bienestar de la humanidad.

TODO EL MUNDO APRENDE

"... en el aprendizaje moderno y en la vida del aprendiz, la complejidad del aprendizaje debe promover caminos distintos cada día y trabajo con diversidad de seres humanos."

Por experiencia propia, en 52 años de graduado, he podido constatar que los recién nacidos, los niños pequeños, los adultos, los enfermos y los incapacitados pueden aprender.

Por supuesto no todo el mundo aprende a la misma velocidad, unos más rápido, otros más lento, unos aprenden cosas muy difíciles y complicadas, otros solo son capaces de aprender cosas muy sencillas, es decir, el aprendizaje de cada persona va a depender de factores personales que podríamos llamarlos internos o de cada quien y como ejemplo tenemos: la motivación, la curiosidad, la capacidad de atender, la memoria, la persistencia y otros factores muy individuales, donde podemos colocar la herencia, la velocidad de respuesta, el temperamento, entre otros.

También hay factores externos que contribuyen a que unas personas puedan aprender con más facilidad, como por ejemplo tener un buen instructor, un maestro, un profesor, un coach, también puede ser que la familia promueva el aprendizaje, el número de hermanos, la calidad de la institución donde estudian, los instrumentos que utilizan para el aprendizaje, el tipo de alimentación que tienen, el nivel económico y otros factores que pueden acelerar o propiciar el aprendizaje o por el contrario impedirlo.

Por otra parte y aunque parezca mentira, a veces existen factores restrictivos que pareciera que van en contra del aprendizaje. Pero estas mismas particularidades de constreñimiento pueden ayudar también al aprendizaje.

Por ejemplo, durante la Primera Guerra Mundial se utilizaron por primera vez los test psicológicos para seleccionar a los soldados y organizar las tropas del ejército de los Estados Unidos. También y gracias a estas calamidades de la guerra, se inventó el horno microondas.

No solo se ha visto que factores de carencia han presionado a inventar máquinas, construcciones, experiencias y aprendizaje para beneficio de todos los seres humanos. Hay personas que no tuvieron los mejores recursos y los mejores implementos pero se inventaron otros para resolver problemas.

Todo lo dicho anteriormente nos hace darnos cuenta de que el aprendizaje en el ser humano es una especie de sistema complejo, donde intervienen muchísimos factores y sabiendo esto, de la complejidad del aprendizaje, nos vemos obligados a conocer o descubrir todos esos factores en cada uno de los aprendices.

Es decir, en el proceso de formación del aprendiz intervienen muchos factores y podemos decir que no hay dos aprendices iguales o una sola manera de aprender.

Yo tuve una experiencia muy interesante cuando hice estudios de Postgrado en la Universidad de Johns Hopkins en Baltimore, Maryland, Estados Unidos. Entre varias experiencias estuve en un laboratorio donde se trabajaba con animales y a mí se me pedía que los entrenara. Entre los animales con los que puede experimentar había palomas, gallinas y ratas blancas. Trabajar con animales y enseñarlos requiere también de la planificación y de estrategias particulares, no tan complejas como cuando tenemos que trabajar con seres humanos.

Para no hacer muy largo el relato, les voy a contar que me pidieron que entrenara a una rata a levantar peso hasta que llegara a alzar el doble de su peso. Por supuesto, había un aparato donde la rata movía un aditamento y haciendo presión con sus patas delanteras levantaba el peso. Este entrenamiento duró aproximadamente mes y medio de trabajo y se logró que la rata levantara lo propuesto. Pero la exigencia más difícil era presentar a la rata en un salón de clases donde los estudiantes de Medicina pudieran observar a la rata levantando ese peso durante una clase de Psicologia del Aprendizaje para dichos estudiantes. Había entonces que preparar a la rata a que no se inhibiera delante del público cuando ella hiciera su espectáculo. Eso se dio y se pudo demostrar lo que se pretendía, fue complicado pero lo que yo quiero traer a colación es que nos demos cuenta de que si enseñar a un animal cuesta esfuerzo y dedicación, valoremos la complejidad de enseñar a los niños, adolescentes, adultos, enfermos y a personas que tienen grandes limitaciones. Por eso es que se dice que el trabajo más difícil del mundo es el del maestro.

En el caso de este libro nos toca incentivar a los aprendices a que entiendan que el aprendizaje requiere de un proceso, esfuerzo, dedicación, por tanto requiere de trabajo continuo, de orden, tanto interno como en la vida externa del aprendiz.

En el inicio del aprendizaje puede haber un crecimiento muy rápido. Al aprendiz, los primeros momentos se le puede hacer muy fácil y sencillo progresar en sus logros y esto lo anima. Podemos por ejemplo, empezar a estudiar un idioma y los primeros días nos aprendemos un vocabulario sencillo y nos parece que progresamos rápidamente pero con el tiempo las cosas se hacen más difíciles y hay momentos en los que a pesar de estudiar mucho, de practicar, hacer mucho esfuerzo, pareciera que no adelantamos, que nos quedamos atascados, nos baja la motivación y podemos abandonar el aprendizaje.

El aprendiz debe saber que muchas veces las cosas a mitad de camino se hacen muy complejas, o puede suceder lo contrario, en algunos campos pasa que a medida que vamos aprendiendo se nos van haciendo las cosas más fáciles.

Con esto quiero decir que el aprendizaje no es solo complejo por las características del que aprende o las condiciones que rodean al aprendiz, sino que cada tipo de aprendizaje tiene características muy especiales. No es lo mismo aprender Historia que Matemáticas, o convertirse en un jugador de béisbol que de fútbol. Pero en definitiva, todos podemos aprender.

Hay un factor muy importante que yo creo que hay que resaltar como comportamiento del aprendiz.

El aprendiz debe ser humilde, el aprendiz no puede llegar a un salón de clases o a un campo deportivo o a una academia, creyendo que sabe mucho, porque este tipo de soberbia le va a impedir su crecimiento en el aprendizaje. Mientras más humilde, más curioso y más atrevido, se le facilitará recorrer el camino del aprendizaje.

Todo aprendiz debe tener un maestro, un guía, un mentor, un coach, alguien que lo acompañe en el aprendizaje. El aprendiz no es un solitario sentado frente a una computadora, aislado del mundo y metido en un laboratorio sin ninguna clase de compañía. El aprendiz debe ser una persona sociable, que interactúe, que trabaje en beneficio de los demás, que sea servicial y que busque en definitiva el bienestar de los demás.

Por lo tanto el aprendizaje debe promover el trabajo en grupo. Anteriormente se le daba mucha importancia al trabajo individual, al aprendizaje de cada persona en particular y por ejemplo, los trabajos en grupo no se promovían porque daba la impresión de que ese trabajo en equipo iba en contra del crecimiento individual. Era considerado como una especie de plagio al ser evaluado, una facilidad que enmascaraba la responsabilidad personal. En cambio, últimamente, cada vez veo más que se promueve el trabajo en grupo, dentro del salón de clases y fuera del salón de clases.

Las empresas, las investigaciones, los grandes desarrollos se han dado cuenta de que el trabajo colectivo y donde intervienen diferentes personas con caracteres diferentes, conocimientos diferentes, profesiones diferentes, promueven grandes cambios.

Por supuesto, este trabajo en grupo no es incompatible con el trabajo individual. Pero lo importante es reconocer que en el aprendizaje moderno y en la vida del aprendiz, la complejidad de la tarea debe promover caminos distintos cada día y trabajo con diversidad de seres humanos.

Para mejorar nuestras sociedades debemos basarnos en el principio de que todo el mundo aprende.

¿POR QUE ESTAN AHI LOS FRACASOS Y LOS ERRORES?

"Pero pasé por días en los que a veces no progresaba absolutamente nada."

Una de las cosas más importantes que tiene que saber un aprendiz es que hay momentos difíciles donde nos sentimos fracasados, donde se cometen muchos errores y oportunidades en que se percibe el tiempo como interminable y nos sentimos que nos estancamos, que no progresamos.

Desde mis primeros años de vida me gustó mucho hacer deporte, es más, me gusta más hacer el deporte o participar en el deporte que ser espectador.

Muy pequeño aprendí a nadar y tanto disfruté la natación que hice muchísimas competencias y llegué a participar en un evento en México, fue un Torneo de Natación Centroamericano y del Caribe, yo tenía alrededor de 14 años. También logré jugar fútbol en la categoría Juvenil en el colegio donde estudiaba.

A los 25 años me propuse aprender a jugar bien el tenis y lo practiqué hasta los 50 y pico de años y no lo pude jugar más por una lesión en la columna a nivel lumbar, que prácticamente me retiró del tenis.

Después de esto, seguí haciendo ejercicio, caminatas y trote hasta que más o menos a los 65 años de edad mis hijas me invitaron a reincorporarme a la natación. Ellas habían cruzado el río Orinoco y me animaron. La natación me convenía porque no era perjudicial para mi lesión.

Cuando retomé la natación intentaba volver a nadar como un muchacho y quería hacerlo lo más rápido posible. Hacía mis entrenamientos como era lo tradicional en la natación. Después de unos 3 años de entrenamiento me invitaron a una competencia de mar abierto en Puerto Cabello. La distancia era de 3 kilómetros y me lancé a ese reto. Terminé los 3 kilómetros, lo hice en un tiempo aproximado de 1 hora, salí muy contento y quise prepararme para ir al Orinoco, pero por razones de crecida del río no se dio el evento.

En ese momento quise cambiar de estilo y quería nadar como hobby y buscar beneficios para mi salud. Me propuse entonces nadar todos los días, por lo menos 1 kilómetro y tratar de hacer el menor esfuerzo posible, el menor número de brazadas y concentrarme únicamente en nadar. Es decir disfrutar a plenitud la natación.

No busqué ningún entrenador que me acompañara porque, conociendo un poco sobre la idiosincrasia de la natación, los nadadores lo que quieren hacer es nadar lo más rápido posible o nadar distancias largas pero lo más rápido posible. Terminan agotados, exhaustos y muy cansados.

Yo me propuse buscar en internet a ver si conseguía algo que me ayudara en el propósito de lograr mis sueños: nadar lento, distancias largas y gastar el mínimo de energía y esfuerzo, todo para beneficio de mi salud y con el deseo de mejorar cada vez más mi propósito de nadar distancias largas, de manera placentera, agradable y sin gastar mucha energía. Una especie de Tai Chi en el agua y por suerte encontré un método que se llama Total Immersion.

Cuando empecé a estudiar Total Immersion tuve que aprender prácticamente a nadar de nuevo. El creador de Total Immersion fue Terry Laughlin. Este señor se dio cuenta, en su trabajo como entrenador, que los nadadores que se deslizaban más al nadar hacían menor esfuerzo.

El asunto es que me dediqué a seguir los procedimientos que proponía Total Immersion y tuve que hacer muchos cambios.

Lo interesante es lo siguiente: Antes de empezar con este método, hacía alrededor de 23 brazadas en una piscina de 25 metros, las pulsaciones de mi corazón por minuto estaban alrededor de 140 p/m, y nadar una distancia de 1000 metros era prácticamente como que si corriera más de 10 kilómetros.

Comencé a trabajar en el equilibrio y la flotación de mi cuerpo en distintas posiciones, a ajustar la patada de croll a una patada por cada brazada y a nadar más profundo, o sea, más hundido en el agua.

Después de aproximadamente 2 años de trabajo, casi a diario, estudiando los videos y haciendo prácticas muy específicas, pude bajar el número de brazadas de 23 a 18 y mis pulsaciones estaban alrededor de las 120 pulsaciones/minuto como promedio.

Pero pasé por días en los que a veces no progresaba absolutamente nada, aumentaba el número de brazadas, invertía días de días trabajando en esto y no veía los cambios.

Hacía que mis nietos me tomaran videos y notaba que mi estilo era horrible, el desplazamiento casi nulo y parecía que perdía el tiempo. A veces sentía dolores de espalda porque mi posición era incorrecta. Es decir, viví muchísimas veces momentos de errores y fracasos.

Ahora, después de 7 años de trabajo en este proceso de darme el gusto de nadar suave, relajado, con mejor estilo y disfrutando cada una de mis brazadas, estoy nadando con un promedio de 16 brazadas en 25 metros y hoy por ejemplo mi frecuencia cardiaca fue de 104 pulsaciones por minuto, cosa que medí, en los 1200 metros que nadé esta mañana.

Los aprendices tenemos errores y fracasos. Gracias a Dios, porque así tenemos la oportunidad de aprender de ellos. Cada error es una oportunidad grandiosa para aprender.

Al principio el aprendizaje nos puede parecer un caos, luego pasamos por una especie de inestabilidad, donde tenemos momentos buenos y malos momentos. Un día lo hacemos bien, el siguiente día parece que retrocedimos. Un día mostramos soltura, atención y destreza y el siguiente, caos, desorden y distracción. Hasta que llegan, después de muchísimo tiempo, los días de estabilidad y progreso.

La última pero muy lejana etapa, es la de la eficiencia o la de la fluidez, fluidez de conocimientos, de movimientos, destrezas y concentración. Después de todo esto, podemos llegar a un momento en que se nos aparece en la mente algo de creatividad y empezamos a tomar mucha confianza en lo que hacemos.

Nos interesa sobremanera entender que pasamos por ese proceso en el aprendizaje. Es cuando nos vemos obligados a ser humildes, y es cuando entendemos que necesitamos muchas horas de estudio, de dedicación, de práctica, de pedir consejo. Necesitamos hacer modificaciones, realizar controles y llega un momento en que necesitamos feedback de otras personas, de expertos en la materia en la que estamos aprendiendo.

Es aquí donde tenemos que mostrar las ganas de persistir en el progreso de nuestras acciones, es cuando entendemos que tenemos que seguir creciendo, que no se trata solamente de saber sobre algo. Llega el momento en que el conocimiento se muestra con la acción, como me decía un profesor: "El movimiento se demuestra andando".

Los fracasos y los errores están allí para ayudarnos a progresar. Debemos entender que ellos son nuestros aliados. De lo contrario sufriríamos cada vez que tenemos un fracaso y nuestra motivación, nuestras ganas de aprender, se debilitarían y terminaríamos abandonando el progreso o alejándonos de él.

El buen aprendiz se esmera en lograr lo que se propone porque sabe que es bueno tanto para él como para los demás. El aprendiz sabe que debe sacrificarse, dedicar tiempo, tener paciencia, analizar y soportar críticas, desalientos, amarguras y rechazos.

El aprendiz reconoce que su aprendizaje es para toda la vida. El aprendiz sabe que no va a llegar a la meta, pero sueña con acercarse, está dispuesto a dar lo mejor de sí mismo, tiene la esperanza de que lo que hace es lo que se espera de él y quiere mostrar y realizar la mejor versión de sí mismo.

El aprendiz ama lo que hace y ama también a los que lo alientan, acompañan y ayudan.

El aprendiz es Aprendiz porque se sabe imperfecto, se reconoce vulnerable, sabe que va en camino, no tiene una meta fija que alcanzar porque siempre está tratando de hacer lo mejor y por eso trabaja duro, siempre quiere más y lo mejor, nunca se acaba su esfuerzo.

Cada instante de su vida lo dedica a progresar y da todo lo que tiene, pero no deja de lado a su familia, su hogar, sus amigos y hace un equilibrio entre todas esas cosas. Lo que quiere decir que lucha también por ser además de un buen aprendiz, buen padre de familia, amigo, compañero, ciudadano y todo lo que se refiera al servicio de los demás.

Lo que nos toca a nosotros como aprendices es descubrir qué es lo que la vida nos pide para aprender y lograr en definitiva dejar una huella con nuestro aprendizaje.

EL ERROR DE LOS ERRORES

"El error de los errores en el aprendizaje es tener miedo a equivocarse, a cometer errores, a perder."

Qué calamidad sería si los profesionales que salen de la universidad al recoger su título, sus medallas y sus papeles que los califican como profesionales, no quisieran trabaja o se sintieran no preparados para ejercer su profesión y tuvieran miedo a enfrentar la vida profesional. Esto sería un gran problema.

El aprendiz por el contrario, no solo adquiere conocimientos, el aprendiz actúa, se mueve, resuelve problemas, gana y pierde. El aprendiz sigue aprendiendo, su vida no se detiene después de haber alcanzado una meta, un grado, un premio. El aprendiz mata el tigre y curte el cuero. El aprendiz quiere seguir matando tigres y curtiendo cueros.

El error de los errores en el aprendizaje es tener miedo a equivocarse, a cometer errores, a perder. El peor error entonces es tenerle miedo al fracaso. El perfeccionismo, muchas veces, no nos deja progresar.

Entre las cosas más importantes que debe aprender un aprendiz es dejar de tenerle miedo al error, al fracaso. El aprendiz es un valiente, que se atreve a caerse y luego levantarse. El aprendiz sabe que su crecimiento como persona, como trabajador, deportista o artista, va a depender de la fortaleza que tenga para superar los miedos, las críticas, las descalificaciones y las discriminaciones.

El aprendiz sabe que su mejor decisión está en aceptar que debe corregirse, atreverse a volver a empezar. El aprendiz busca consejos y se une a los equipos de trabajo. El aprendiz no está solo ni se siente solo.

Desde niños los jóvenes tendrían que aprender a no tenerle miedo al error. A veces nosotros como padres y sin querer, proporcionamos la creencia en los muchachos de que cometer errores es una cosa grave. A veces les llamamos la atención y les metemos miedo por no hacer la cosas buenas que les exigen en las escuelas, en los colegios, en las actividades extra cátedra y les hacemos creer que lo peor que puede pasar es que no tengan buenas calificaciones en el colegio o que reciban correcciones por parte de sus maestros en la escuela, o en las actividades donde participan.

Creo que hay que prepararlos para hacerlos entender que las correcciones son buenas, que somos humanos y que equivocarnos es parte del proceso de aprender. Que cuando hay un error, lo que éste indica es que hay un fallo y este fallo nos debe conducir a seguir trabajando para hacer las cosas mejor. También hay que explicarles y ayudarlos a razonar sin humillarlos, enseñarles que insistir en mejorar es un gran paso para crecer como personas.

Practicar más, estudiar más, razonar, curiosear lo bueno mucho más, hacer preguntas y actuar, son acciones que superan los errores. No se superan los errores con tristeza, con agresividad, con rabia, con melancolía. Estas últimas cosas nos hacen bajar la autoestima, nos decepcionan y no nos motivan a seguir mejorando.

Edison, antes de encontrar la solución del invento del bombillo, dijo que había fracasado 10.000 veces. Su perseverancia, su ilusión en conseguir la solución fue mayor que las 10.000 veces que fracasó. Alguien le preguntó cómo veía él esos 10.000 fracasos que tuvo y dijo algo así como que descubrió que eran 10.000 formas en que no se podía hacer el bombillo. Hay que ver el bien que le hizo Edison a la humanidad al haber inventado el bombillo!

Si lo vemos ahora, nos puede parecer como algo fácil de conseguir, pero haber sido el primero, el que lo descubrió, tiene un valor infinito y nos muestra que los aprendices debemos seguir insistiendo y no dejar de hacer intentos después de haber fracasado.

Estemos muy pendientes de aprender y a dejar de temerle a los errores y a los fracasos.

El buen aprendiz no solamente no le tiene miedo al error, sino que cuando comete un error es responsable en solucionarlo y aprovechar ese error para crecer en profesionalismo, para fijarse en el detalle, para ser más eficaz. El buen aprendiz no caerá en el extremo de ser irresponsable, negligente, desinteresado o una persona a quien no le importa hacer las cosas mal hechas.

El buen aprendiz sabe que cuando fracasa o comete errores es porque necesita aprender más y no porque es un fracasado o un irresponsable. Salir mal en un examen significa para el aprendiz esmerarse más. Es decir, un error es una luz amarilla que le indica que debe pararse y esperar la luz verde.

El aprendiz es curioso de lo bueno, responsable, activo, ordenado, perseverante y soñador.

LA CREATIVIDAD

"La creatividad se puede fomentar, pero no se puede imponer."

Ser creativo es sacar algo nuevo de lo viejo o algo útil de lo inútil, es decir, la creatividad es cambiar lo conocido por algo que nos es desconocido.

La creatividad se puede clasificar según su tamaño en: Creatividad grande o creatividad minúscula.

La creatividad grande puede ser por ejemplo, una pieza musical completa, una escultura, un edificio, una computadora, es decir, algo muy novedoso y útil.

Por el contrario la creatividad pequeña o minúscula puede ser una nota musical, una pincelada, un pequeño movimiento de un atleta, una palabra. Algo tan pequeño que a cualquier persona le podría parecer algo nada especial. Por ejemplo, a alguien se le tranca el rodamiento de una ventana y busca jabón de lavaplatos para deslizar el mecanismo de la ventana y poderla abrir.

El aprendiz tiende a ser creativo y a renovarse cada día porque se centra en los detalles. La creatividad del aprendiz se va haciendo natural y humilde, porque se acostumbra a buscar soluciones de problemas mínimos.

El aprendiz se esfuerza en buscar una versión nueva de sí mismo, el aprendiz le da valor a los cambios y a las mejoras, no se apega a las cosas, su apego es a ayudar a una mejor calidad de vida para los demás, se gasta buscando lo mejor para los que lo rodean. En definitiva, no busca ser creativo por ser creativo, lo que busca consiste en terminar las cosas bien. Utiliza la creatividad para la buena terminación de su esfuerzo. Usa la creatividad para solucionar los problemas lo mejor posible.

El aprendiz busca hacer lo mejor que puede para comunicarse bien con los demás, no para lucir su buen hablar, sino para comunicarse mejor y ser más preciso y hacerse comprender más fácilmente.

El aprendiz busca ser sencillo, pero a la vez eficaz en el servicio a los demás. Es creativo y quiere ser respetuoso siendo amable.

Se puede decir que la creatividad se puede conseguir en todos los aspectos de la vida, siempre y cuando se busque mejorar y hacer bien las cosas, en beneficio de todos. Los fabricantes, los arquitectos, los obreros, los maestros, los policías y servidores públicos, pueden terminar siendo creativos si se esmeran por ser aprendices.

El aprendiz aprende para renovar, enseñar, mejorar, ayudar, complacer y servir. El aprendiz es un ser activo, ordenado y tranquilo, porque se centra en los procesos, en el progreso de su trabajo, logrando cada día realizar mejores pasos. Al cumplir unas metas, sabe que no se detiene ahí, porque sigue creando, modificando y mejorando, renovándose a sí mismo y a los que lo rodean.

Muchísimas veces observamos grandes inventos en las obras maestras y esas expresiones de creatividad a veces son producto de las carencias o de limitaciones del propio autor. Muchísimas veces los retos promueven la creatividad.

Es frecuente observar en niños que han jugado mucho con cosas desechables y con pocos juguetes comerciales, que se les desarrollan muchas facilidades para crear actividades lúdicas y juguetes. Esto nos recuerda que muchas veces las carencias y los constreñimientos promueven la creatividad.

Por supuesto, esto no es una ley, pero se ve mucho que las carencias y limitaciones promueven la creatividad. El solo hecho de tener una restricción ayuda al aprendiz a buscarle la vuelta y así conseguir soluciones a través de la creatividad, algunas son pequeñas soluciones y otras veces grandes soluciones.

No se sabe a ciencia cierta cuáles son las vías neuronales o las interacciones entre componentes cerebrales que realizan más actividad en los momentos de creatividad. Pero sí sabemos que la necesidad y el deseo de solucionar problemas genera progresos.

Una persona puede pasar años de esfuerzo para conseguir una solución y otras en un momento, en medio del sueño, de una siesta o a medianoche, su cerebro encuentra la solución. También las presiones, las preocupaciones, la exigencia de entregar un trabajo o una tarea, son disparadores para la creatividad.

La creatividad aparece con el amor o por la necesidad de ayudar a alguien que sufre de una enfermedad o que tiene una limitación, lo que obliga al aprendiz que quiere ayudar a que su cerebro descubra una alternativa a veces inexplicable. Puede ayudar a descubrir una vocación de servicio, una profesión o un procedimiento que hace a la ayuda más eficaz.

Un proceso creativo que termina en una solución inesperada, que es producto de un recorrido inexplicable, gracias al aprendizaje logrado por su experiencia y tenacidad.

La creatividad es una inspiración que llega por los esfuerzos de una persona, pero también puede llegar gracias al trabajo acumulado y al aprendizaje inconsciente, es decir, al mucho tiempo de lectura, charlas con colegas y por la experiencia en la práctica de una especialidad.

A un músico con poca experiencia le costará más componer una pieza musical que a un músico que trabaja mucho en sus composiciones. Un músico inexperto puede también componer una obra o una pieza de mucha calidad al igual que un experto.

Lo que puede identificar a ambos compositores es el deseo de crear, el anhelo de recrear a sus oyentes, de disfrutar sus composiciones y la humildad de sentirse un aprendiz en su arte o en la actividad que practica.

El aprendiz, la mayoría de las veces, tiene un maestro, un tutor o alguien que lo acompañe en su creación. El aprendiz necesita la ayuda de maestros que lo ayuden a encontrar su propio camino.

La creatividad no se enseña, no se puede exigir, no se obliga. La creatividad viene acompañada de la libertad, por el deseo de hacer el bien y por las ganas que tiene el aprendiz de aprender.

La creatividad se puede fomentar, se incentiva, pero no se puede imponer, es libre. El conocimiento humano no ha encontrado una fórmula o estrategia para la creatividad. La creatividad se fomenta con el propio trabajo y asumiendo la posición de aprendiz.

Hay personas que quieren convertirse en aprendices y este rol de aprendices lo ejercen por poco tiempo. Y eso sucede porque ser aprendiz no solo se logra teniendo buena disposición de aprender y voluntad. Para ser aprendiz se requiere de paciencia, de mucha concentración en el proceso.

Hay otros que creen que solamente con la práctica y su motivación se pueden convertir en grandes aprendices, pero esto no es suficiente. No basta solamente con la voluntad, la perseverancia y la ilusión de aprender, hay que recorrer el camino, hay que vivir el proceso de aprendizaje, hay que detenerse en los detalles.

El aprendiz ama el proceso, es decir, vive con mucha ilusión cada paso que realiza para aprender y cree en sí mismo y busca la asociación con otras personas.

Ser aprendiz es un don, es una lucha por servir a los demás, se asocia con otros porque reconoce que con su sola fuerza no puede. Los aprendices son luchadores valientes, fuertes y emprendedores. También el aprendiz reconoce que requiere de la ayuda de Dios.

El aprendiz, entre sus metas, busca el servicio de calidad, terminar bien todas sus pequeñas obras. El aprendiz no descansa de su trabajo, se caracteriza por sus acciones, busca la claridad del camino y persigue la creatividad.

EL ESFUERZO

"...el aprendiz vive en un esfuerzo constante por mantener a raya todas las fuerzas que compiten o van en contra de su crecimiento como aprendiz."

El diccionario de la Real Academia Española define el esfuerzo como: 1. Empleo energético de la fuerza física contra algún impulso o resistencia; 2. Empleo energético de vigor o actividad del ánimo para conseguir algo venciendo dificultades; 3. Ánimo, vigor, brío, valor; 4. Empleo de elementos costosos en la consecución de algún fin.

El aprendiz hace el esfuerzo de aprender, el aprendiz no hereda la capacidad de esforzarse por conseguir hacer lo bueno, reconoce que tiene que gastarse para aprender. El esfuerzo no viene ni en la sangre ni en los genes, tal como dice la definición. Es un empleo de energía, de fuerza física contra algo que es resistente, es decir, una acción energética, aunque sea un pensamiento.

Estudiar requiere hacer un esfuerzo. Antes se decía mucho: "Quemarse las pestañas", "Gastarse los codos", como sinónimo de esfuerzo de un estudiante.

Hoy en día tratan de engañarnos con mensajes como: "Aprenda inglés en 15 días", "Aprenda a nadar en un fin de semana", "Salve su año escolar en 6 clases" y mucha gente cree que aprender es como buscar una información en Google: Escribes tu pregunta, le das clic y tienes la información.

Aprender lleva consigo esforzarse, estudiar implica concentrarse, es decir, poner atención deliberadamente en algo crucial y dejar de atender otras cosas que en ese momento son irrelevantes, en otras palabras, se requiere de una función específica del cerebro, la cual consiste en discriminar lo que es importante en un momento dado y lo que es desechable. El cerebro regula este mecanismo involuntariamente y escoge lo que es valioso en ese momento. El cerebro así, muestra su capacidad de prestar atención.

Aprender requiere hacer un esfuerzo para curiosear algo interesante, para pensar y repensar sobre algo preciso. También requiere hacer esfuerzo para apartar un tiempo durante la jornada para disponernos a estudiar, a realizar una práctica, una reflexión, una consulta en un libro o resolver un problema que implica razonamiento profundo.

Estudiar y aprender requieren de acciones deliberadas que demandan energía. El esfuerzo requerido para el aprendizaje es demandante y así lo siente el aprendiz. Por lo que para mitigar y manejar el esfuerzo, el aprendiz trata de crearse hábitos de estudio, se ordena, hace horarios para distribuir su tiempo y programar su descanso y recreación.

El esfuerzo exige que el aprendiz se ordene, planifique su tiempo para dedicarle momentos a su oficio, sin dejarse absorber por otras actividades. El aprendiz dedica tiempo a su oficio, a su trabajo, a su hogar, a la esposa, a los hijos, a sus amigos, a ejercitarse, a alimentarse y al descanso.

Todo esto requiere que el aprendiz tenga un equilibrio en su vida, para que no se convierta solamente en un ratón de biblioteca. Por ejemplo, un atleta obsesionado con el ejercicio físico que solo piensa en ir al gimnasio o también una persona que se dedica muchísimo tiempo a navegar en internet, perdiendo horas de tiempo, sin hacer nada productivo.

En pocas palabras, el aprendiz hace mucho esfuerzo en llevar una vida equilibrada, ordenada. Podríamos decir, que el aprendiz vive en un esfuerzo constante por mantener a raya todas las fuerzas que compiten o van en contra de su crecimiento como aprendiz.

Además se esfuerza por adquirir destrezas y conocimientos que también demandan de su energía. El aprendiz no gasta esfuerzo en actividades que lo sacan de su camino de crecimiento. El aprendiz trata de no procrastinar, que significa dejar algo importante para después o diferir o aplazar algo que conviene hacerlo en el momento.

La procrastinación no es frecuente en el comportamiento de un aprendiz, no deja para mañana lo que puede hacer hoy. La procrastinación debilita al aprendiz. Por supuesto, el aprendiz es un ser humano normal y corriente, que a veces se deja llevar por la procrastinación que lo persigue siempre, pero concentra su lucha y con esfuerzo, trata de no dejarse vencer.

El esfuerzo sin orden, sin una jerarquía de actividades bien planeadas y solo con movimientos energéticos, impetuosos y a última hora, no son los esfuerzos que realiza un aprendiz.

Por ejemplo, no es de un buen aprendiz trasnocharse el día antes de un examen o hacer un informe minutos antes de entregarlo. Es reconocido el aprendiz por su orden interno y su responsabilidad.

Recuerdo a una persona que solía practicar la natación todos los días y lo hacía por alrededor de 90 minutos. Su estilo de nado era muy desordenado y no se preocupaba por buscar la manera de aprovechar su esfuerzo al nadar. Era admirable verlo cómo se esforzaba por terminar los 90 minutos de duro trabajo y esforzarse por ir lo más rápido que podía, pero desgraciadamente su desorden lo llevó a agotarse y dejó de practicar la natación, no buscó ayuda, se sentía que estaba muy preparado, no se atrevió a considerarse un aprendiz y dejó de hacer una disciplina que tanto lo ha podido ayudar.

Los aprendices verdaderos buscan ayuda, orientación y organizan su trabajo. El esfuerzo debe ser un esfuerzo inteligente y si es posible guiado por un maestro, un instructor, un académico o alguien que maneje la materia.

El esfuerzo del aprendiz está muy acompañado de su humildad. Si el aprendiz pensara que todo lo sabe, que no tiene nada que aprender, entonces dejaría de hacer esfuerzo por aprender.

En pocas palabras, al reconocer que no sabe todo y que necesita aprender, es decir, ser humilde, entonces sí estará dispuesto a realizar el esfuerzo de aprender.

LA CURIOSIDAD Y EL INTERES

"Por eso es que el interés y la curiosidad están unidos."

La curiosidad y el interés son dos comportamientos humanos muy importantes para el aprendizaje, es decir, el buen aprendiz es curioso y a la vez debe tener interés por actividades que lo llevan a aprender.

La curiosidad es una especie de chispazo, que nos hace buscar una respuesta a una interrogante. La curiosidad nos lleva a una acción de búsqueda de un conocimiento particular. Por ejemplo, un atleta puede tener la curiosidad de saber cómo alimentarse la noche anterior a una competencia o a una actividad de su deporte.

El interés por otra parte, nos lleva a querer profundizar sobre un conocimiento. El interés es más duradero y se quiere aprender sobre algo con más intensidad, la curiosidad dura menos tiempo. Sin embargo, el tiempo de duración de un interés puede que no sea permanente y puede ser menor que el tiempo de permanencia de una habilidad o un talento.

La curiosidad se podría decir que es más superficial que el interés.

Por ejemplo, un niño puede tener la curiosidad de ver cómo un insecto se mueve. En cambio el interés por los insectos va más allá de un simple momento.

El niño que tiene interés por los insectos, los recolecta, lee sobre insectos, busca videos en YouTube y habla sobre insectos por mucho más tiempo que el niño que se mueve en un momento determinado por la curiosidad que le produce la presencia de un insecto en específico.

La curiosidad, que es un impulso por conocer una respuesta a una interrogante concreta y pasajera en un inicio, nos puede llevar más adelante a interesarnos con más profundidad por un tema concreto.

La curiosidad nos lleva a buscar información que necesitamos en un momento dado. La curiosidad nos hace también poner toda nuestra atención en eso que queremos conocer mejor y que sucede en ese momento particular. Es decir que la curiosidad nos dirige a entregarnos completamente a esa búsqueda.

He notado que cuando alguien tiene curiosidad está tan centrado en conseguir la respuesta y tan enfocado en esa necesidad de encontrar solución a la interrogante, que se ve a esa persona tranquila y plácida en esa búsqueda, es decir, no se ocupa sino de lo que está buscando.

Por lo que podemos concluir de alguna manera, que son incompatibles la curiosidad y la ansiedad.

Muchas veces vemos a un niño que está llorando y sucede algo que al niño le despierta curiosidad y deja de llorar.

En conclusión, para poder complacer a la curiosidad hay que estar tranquilo. Se puede hacer un pequeño experimento, podemos buscar algo que curiosear cuando estamos ansiosos y comprobar si disminuye nuestra ansiedad cuando estamos buscando una respuesta a nuestras interrogantes.

Si pasa lo contrario, que no disminuye la ansiedad, es que nuestra curiosidad está muy por debajo de nuestra ansiedad.

Por supuesto que la respuesta no suele ser automática o lineal, porque en el momento en que tenemos ansiedad intervienen muchos factores: recuerdos negativos, malestares en el estómago, puede haber temblor, intranquilidad, miedo, etc.

Pero ser curioso, en muchos momentos puede contribuir a promover nuestro aprendizaje, nuestra atención, nuestro interés y hasta nos puede ayudar a tranquilizarnos.

El interés, por otra parte, no se puede identificar tan fácilmente, porque es más complejo, más largo en duración y es más difícil de definir, descomponerlo y estudiarlo. Debido a que es más abierto, el interés nos mueve por períodos más largos y nos ayuda fundamentalmente a prestar atención. El interés nos puede durar toda una vida. El interés puede cambiar, y de hecho cambia, pero siempre tiene una duración mucho más larga que la que mostramos cunado somos curiosos

El interés nos lleva a atrevernos a hacer cosas mucho más importantes. El interés es cambiante a veces, pero también puede durar años o toda una vida.

Manejando con un poco más de profundidad la curiosidad y el interés, podemos aprovecharnos de estos dos comportamientos para rendir mejor como aprendices o también para ayudar a otras personas a utilizar mejor ambas cosas.

Ahora con más detalle, podemos decir que el aprendiz debe reconocer con mucha claridad qué es lo que le interesa y qué es lo que le dispara la curiosidad.

Ambos comportamientos son indispensables en el aprendiz, pero como dije anteriormente, nos puede ayudar a saber con más precisión qué es lo que nos mueve por más tiempo y cuánto dura ese interés, o determinar si es una curiosidad simplemente pasajera. Sabiendo más sobre el interés y la curiosidad nos podemos conocer mejor a nosotros mismos.

El aprendiz puede decir entonces: Tengo que curiosear sobre tal aspecto de un suceso, verdaderamente es un interés que tengo que me ayuda a progresar en mi área o simplemente es algo que me despierta la curiosidad de manera pasajera.

Para el aprendiz conocer su proceso de aprendizaje es crucial, por lo tanto conviene que identifique sus intereses, porque el interés es un motor para su persistencia, su progreso y para el desarrollo de sus habilidades.

El interés está dentro de todo proceso de crecimiento. Por supuesto también la curiosidad, pero el interés es duradero y constante. Cuando nos damos cuenta de que hemos perdido el interés en medio del camino, podemos buscar remedios y soluciones.

Conseguir la respuesta está en buscar cuál es nuestra motivación, que en el fondo no es más que conseguir cuál es la energía que nos lleva a la acción de seguir trabajando en la disciplina en que nos queremos desarrollar. En estos casos, para promover la curiosidad se debe saber cuál es la energía que nos mueve y así conseguir el interés que se nos había perdido.

Por eso es que el interés y la curiosidad están unidos.

Yo he tenido la oportunidad de promover la curiosidad en algunos niños y jóvenes, algunos de ellos se han interesado en determinados temas y han experimentado interés gracias a la curiosidad y ésta los ha ayudado a darse cuenta de que el aprendizaje, el estudio o la práctica de una disciplina es algo que los llena y les abre un camino interesante de progreso.

La curiosidad ha disparado el interés y el interés les hace saber que son distintos a los demás, han perdido el miedo, se arriesgan a aprender y se han convertido en aprendices.

Estos muchachos han despertado en su rol de aprendices y observamos los cambios, empiezan a hablar del tema que les interesa y han descubierto cuál es su motivación. Este pequeño proceso despierta seguridad y los ha ayudado a seguir haciendo lo que aman.

Se han dado cuenta de que vale la pena hacer un esfuerzo, se sienten útiles para los demás. Se vuelven más sociables, más amistosos, se dan cuenta de que la humildad es importante y de que veían las cosas de una manera errónea. Al pasar a ser curiosos e interesados, viven una vida más normal, más prospera y compartida. Y se atreven a emprender caminos de crecimiento a través del esfuerzo.

¿QUE PASA CON EL TALENTO?

> *"El aprendiz quiere dar el máximo y sacarle provecho a su talento, pensando en hacer el bien y sirviendo a los demás."*

Todos tenemos unos talentos otorgados por Dios. Algunos tienen más talento y otros menos, algunos tienen un talento de gran dimensión y otros tienen varios, pero lo importante del talento es sacarle provecho.

Cuando nos damos cuenta del talento que tenemos debemos reconocer, como aprendices, que hay que trabajar ese talento para hacerlo una realidad.

Hay personajes en el mundo que desde pequeños han cultivado sus talentos y de esta manera han prestado un servicio estupendo a su comunidad, a su familia y algunos de ellos han repercutido en el comportamiento de la humanidad. Tenemos el caso de músicos, artistas, atletas, empresarios, científicos y otros grandes personajes de la historia que han trabajado duro para desarrollar esos dones.

También hemos visto muchos jóvenes que teniendo talento han sido poco humildes y no han trabajado lo suficiente para desarrollar esas capacidades, han perdido el tiempo y han caído en la desilusión de no haber mejorado su vida ni ofrecido ese potencial a su familia y a los que lo rodean.

Por otra parte da mucha alegría que en la historia de algunos comercios, fábricas, empresas o instituciones familiares fundadas por los abuelos o los padres, muchos jóvenes han sabido sacarle provecho y han convertido pequeños negocios o instituciones de cualquier tipo en grandes empresas, con muchas sucursales y hasta negocios internacionales.

El aprendiz sabe que tiene que hacer mucho esfuerzo para aprender y que los momentos de éxito, de alegría o de beneficios son pocos El camino es largo y duro para el aprendiz que quiere desarrollar sus talentos.

El aprendiz se prepara para el futuro estudiando lo máximo que pueda, practicando y luchando por hacer mejor las cosas.

El aprendiz no estudia para sacar buenas notas solamente. El aprendiz estudia para lograr cambios importantes en su comportamiento, sueña con aprender más de lo que le exigen en una materia, profesión, oficio, arte o deporte, no se conforma con lo mínimo.

El aprendiz quiere dar el máximo y sacarle provecho a su talento, pensando en hacer el bien y sirviendo a los demás.

El aprendiz estudia muchas horas porque sabe que desarrollar los talentos requiere de esfuerzo y dedicación. El aprendiz dedica tiempo a su estudio y no pierde el tiempo, trata de aprovechar lo mejor que puede los momentos de estudio.

El aprendiz trata de terminar las cosas lo mejor que puede.

El aprendiz organiza su tiempo, estudia, se divierte, descansa y le dedica también tiempo a las otras actividades que son importantes para él.

También el aprendiz se reconoce frágil y humilde, reconoce su ignorancia, entiende que se equivoca muchas veces, reconoce su indisposición o flojera para hacer las cosas, pero lucha contra ella.

El aprendiz se encuentra con tentaciones que lo quieren alejar del esfuerzo: la salida con amigos, la ansiedad que le produce no poder usar el teléfono, las series y los deportes en la televisión, y lucha por cumplir sus deberes, descansa las horas que tiene que descansar y dedica tiempo a su familia y a otras actividades que lo hacen crecer como persona.

He visto en los deportes, jóvenes con mucho talento, que en los inicios de su carrera adelantan mucho, pero su soberbia hace que no se dediquen con esfuerzo a su especialidad y en cambio, otros que con poco talento se van desarrollando y llegan a superar a los más talentosos. Quizás porque los de poco talento se saben o se reconocen faltos de habilidad, identifican sus puntos débiles y trabajan duro para mejorar sus carencias y conseguir sus sueños.

Hablando de sueños, el aprendiz también sueña con cosas grandes, pero está despierto, pone los pies en la tierra, sabiendo que esos sueños solo se alcanzan con el esfuerzo, la constancia, la determinación, la fortaleza y el orden. No solamente el orden con las cosas o el orden externo, sino también el orden interno, es decir el orden psicológico.

Todo talento está muy conectado con la inteligencia, digamos con la inteligencia integral, es decir, emocional, numérica, verbal, en otras palabras, la inteligencia cognitiva.

Los talentos también están relacionados con la capacidad de utilizar la acción, el movimiento, con la salud, con las relaciones interpersonales y con la vida espiritual.

Podemos decir que el desarrollo de los talentos necesita de tres elementos que podríamos decir que son básicos, que serían: Primero, las metas que se pueden lograr con el talento, segundo, el trabajo duro o la práctica y como último punto, considerar que el talento necesita de un mantenimiento perenne, es decir, el desarrollo del talento dura toda la vida del aprendiz.

Los aprendices saben que no pueden descuidar el desarrollo del talento y reconocen que ese desarrollo tiene mucho que ver con su generosidad, porque el talento se entrega a los demás. El talento se mide en definitiva, en prestar un buen servicio de calidad a las personas que lo rodean.

LA ESPERANZA

"... el aprendiz centra su esperanza en el día a día, en los pequeños pasos que va dando..."

El aprendiz tiene la esperanza de progresar todos los días en su oficio, lo sabe y lo reconoce, porque no hay otra manera de progresar sino dedicándose a su materia, a su actividad.

Está centrado en el proceso, en lo pequeño, en los pasitos de bebé que da todos los días, su esperanza está centrada en lo mínimo, como las gotitas de agua que caen sobre una piedra y van haciendo un agujero.

El aprendiz trabaja todos los días como una hormiguita, cuenta los días que trabaja y no los que le faltan, porque sabe que su tarea termina solo el día en que ya humanamente no la puede hacer.

Es distinta la esperanza del aprendiz a la esperanza del cristiano que sabe que solo Cristo salva. El aprendiz se apoya en Dios para hacer su trabajo y se lo ofrece, pero la esperanza del aprendiz está en la persistencia diaria, el hacer y resolver es lo que lo ayuda a aprender.

La esperanza del aprendiz es una esperanza natural, está centrada en el trabajo cotidiano, en la lectura de todos los días, en las prácticas en el gimnasio, en el ensayo en la pintura. La dedicación a sus tareas está ordenada y vigilada por el interés en aprender.

Tomé prestada la palabra Esperanza porque tiene que ver con el estado de ánimo, que a la vez está relacionado con la posibilidad de la conquista de un logro.

El peligro de concentrarse solamente en los logros es que pueden afectar nuestro estado de ánimo mientras estamos en momentos de desarrollo. Muchas veces pasamos largos períodos de tiempo en un trabajo o en un estudio y nos podemos desanimar al no ver mejoría, en otras palabras, no conseguir logros.

La característica más importante de un aprendiz es que persiste en su trabajo a pesar de que no consiga beneficios inmediatos. El aprendiz da por sentado que si su trabajo está bien hecho, ordenado inteligentemente y dedica tiempo suficiente, sabe que va a conseguir adelantos.

Reconoce que en el camino se va a encontrar con obstáculos, pero esos obstáculos no le van a afectar. Su disposición es a seguir siempre adelante, su perseverancia no se apoya solamente en emociones o estados de ánimo, su esmero por trabajar y su pasión por seguir aprendiendo están apoyados en su voluntad.

El aprendiz no es un ser sin sentimientos ni emociones, desligado de su estado de ánimo. El aprendiz es sensible y decae como cualquier ser humano. Cuando se cae es capaz de levantarse y volver a empezar. Se puede detener por un momento, pero persiste y se vuelve a poner por encima de lo que está haciendo.

Cuando el aprendiz decae busca a sus maestros, a sus profesores, a su guía y éstos lo ayudan a retomar su camino.

Recordemos que el aprendiz no va solo por el mundo, siempre cuenta con alguien que lo apoya. Si un aprendiz no tiene alguien que lo guíe, se mueve para buscarlo, buscando ideas, apoyo de colegas o familiares, o simplemente haciendo el esfuerzo para abrir los ojos y encontrar algo que lo ayude a volver a empezar.

El aprendiz es un ser sensible por excelencia, aunque sea tímido socialmente o aislado en algunas circunstancias, siempre vuelve a sus mentores y les pide sugerencias.

En conclusión el aprendiz centra su esperanza en el día a día, en los pequeños pasos que va dando para superar sus errores y fracasos, con paciencia y fe en que la única forma de aprender es entregando su tiempo en realizar bien las actividades de aprendizaje.

El aprendiz es un ser humano que persiste y se supera cada día, no se contenta con sus progresos, quiere más, quiere que algún día sus progresos estén también en manos de los demás, quiere ayudar a que otros utilicen su aprendizaje y esto de alguna manera los pueda ayudar a tener una mejor calidad de vida.

El aprendiz sueña con ayudar, no se detiene, no busca fama ni reconocimientos ni premios. Al aprendiz solo lo llena su progreso y más que el progreso personal quiere el de los demás.

Si nos queremos dar una imagen de un aprendiz veamos a Jesús trabajando con San José, esa es la mejor imagen de un aprendiz.

LA GRANDEZA

"La grandeza del aprendiz está fundamentalmente en el detalle, en lo pequeño, en lo sutil de su trabajo."

La grandeza del aprendiz está en fijarse, en poner atención y estar pendiente de los detalles de su estudio, de su trabajo, de su arte y de su deporte. La grandeza del aprendiz está en fijarse en lo que está haciendo en el momento, es decir, su presente.

Lo crucial del aprendiz está fundamentalmente en el detalle, en lo pequeño, en lo sutil de su trabajo. El aprendiz es un experto en los detalles, debido a que el detalle le permite tener mejor entendimiento de la tarea o del proyecto que está realizando.

El aprendiz es minucioso y detallista a la hora de practicar, de entrenar y de ensayar. Se dedica a conocer y dominar el detalle, el cual quiere manejar con destreza. Va despacio y seguro. No aprende aprisa, lee despacio, reflexiona, relaciona y profundiza.

El guitarrista de concierto por ejemplo, se esmera en producir cada sonido de su guitarra a la perfección, el volumen, el tiempo de duración de la nota, el espacio de silencio, es decir, se fija en todos los detalles.

El estudiante que es aprendiz de cualquier materia teórica y que tiene que conocer a profundidad y entender dicha materia, presta mucha atención a los detalles, para así lograr un mayor entendimiento global de lo que estudia.

Recordemos entonces que si queremos ser buenos aprendices tenemos que ser detallistas. Las personas minuciosas, que tienen ese don por naturaleza, generalmente evitan con facilidad los errores y terminan los trabajos con mayor calidad. Los que no tenemos ese don o esa virtud, estamos llamados a hacer un mayor esfuerzo y así habituarnos a trabajar con los detalles, porque eso nos ayudará a entender mejor lo que hacemos y a realizar mayor número de trabajos de calidad. El que es menos detallista debe revisar su trabajo muchas veces antes de entregarlo.

Poner atención a las cosas pequeñas nos ayuda a tener un mayor nivel de compromiso con lo que hacemos, lo que por supuesto nos llevará también a conseguir un mayor nivel de profesionalismo.

Este profesionalismo, además de ayudarnos a aprender, nos ayuda a tener mayor prestigio por el trabajo que realizamos. No solo prestigio profesional sino prestigio personal, en nuestro oficio de estudiante, deportista o artista de calidad. Seremos buscados y reconocidos como profesionales íntegros, seremos mejores servidores de la comunidad y ejemplos en nuestra materia. Este prestigio por supuesto nos abre oportunidades futuras.

El aprendiz también, al enfocarse en las cosas pequeñas, en los detalles, consigue soluciones a los problemas que se le presentan. El aprendiz detallista progresa con más facilidad porque consigue soluciones que lo ayudan a mejorar su autoestima y motivación.

Esto también lo ayuda en su perseverancia, estos logros que consigue en la solución de problemas lo ayudan a encontrar salidas creativas, que le dan mayor éxito en su trabajo.

La creatividad lograda por el aprendiz lo ayuda también a no dejar pasar por alto detalles que pueden ser importantísimos para nuevas soluciones.

También los detalles son indispensables para obtener una buena calidad en el resultado de su trabajo o en sus acciones. El éxito de un buen deportista, las calificaciones de un buen estudiante, el final de la obra de un artista o el éxito de una operación quirúrgica dependen de la calidad del trabajo y en el detalle de sus ejecutores.

Se podría entonces concluir, que el focalizarse en los detalles es una virtud que puede conducir al aprendiz a dejar una huella o conseguir diferencias en su desempeño como artista, como estudiante o profesional de alguna actividad.

En fin, nos ayuda a evitar errores, nos da la oportunidad de adquirir prestigio profesional y mayor posibilidad de encontrar soluciones creativas a las dificultades que se nos presentan en nuestra vida profesional.

LA BONDAD

"El aprendiz quiere finalizar su vida en el grupo de la "buena gente". No solamente ser considerado buena gente, sino serlo verdaderamente."

Stephen Covey escribe en Los Siete Hábitos De La Gente Altamente Efectiva, sobre lo conveniente que sería que pensáramos o mejor dicho, que nos imagináramos que estamos en una funeraria metidos en la urna, rodeados de familiares y amigos que asisten a nuestro entierro y qué comentarios nos gustaría que ellos dijeran en ese momento acerca de nuestro comportamiento en vida.

Por supuesto, la soberbia que siempre llevamos nos haría pensar que probablemente hablarían de lo buenos que fuimos, que fuimos muy serviciales, amables, cariñosos y que hicimos muchas cosas buenas. En definitiva, nos gustaría que nos metieran en el grupo de esa gente buena de quien siempre hablamos y admiramos. A nadie le gustaría que nos calificaran como mala gente.

El aprendiz, a pesar de llevar siempre algo de soberbia y de luchar por tratar de no tenerla, quiere pertenecer al grupo de la gente buena. La soberbia es un enemigo gigante que se enfrenta con nosotros frontalmente, que mientras uno más la persigue se llena de energía, sobrevive y crece.

La soberbia se ataca con la aceptación de que sufrimos de ese mal, que nos hace vernos superiores, egoístas y envidiosos. Y reconociendo que la aceptamos pero no la respetamos, que la soberbia nos engaña, nos miente.

Cuando reconocemos que esa soberbia lo que hace es complicarnos la vida, porque nos separa de los demás, porque nos impide progresar y porque nos miente sobre nosotros mismos, eso nos ayuda a calificarnos más como verdaderamente somos, los demás nos aceptan más fácilmente, trabajamos más duro para superarnos y somos capaces de pedir ayuda, consejo y auxilio.

De esta manera el aprendiz también se da cuenta de que sus méritos son pocos, que si tiene un talento es porque éste le fue otorgado por Dios, que no es por sus méritos.

El aprendiz sabe perfectamente que su soberbia no lo deja crecer, superarse. Sin embargo entlende que la soberbia es parte de él pero más pequeña que él, que son ideas falsas que su cerebro produce porque el cerebro cree que tiene la razón, pero también sabe que cuando se trata de nuestra propia persona el cerebro se equivoca, es subjetivo, es como una abuela muy buena que por su gran amor ve en sus nietos a unos súper héroes.

El cerebro es capaz de decirnos cosas inverosímiles, por ejemplo, "Como nadie te valora valórate tú mismo", "Lo más importante es que te quieras a ti mismo" y ahí sale a flote la soberbia. O cuando estamos pasando por un mal momento y tenemos un sentimiento o una emoción desagradable, el cerebro trata de complacernos y produce algunas ideas que no son resueltas de manera racional.

El cerebro suele ser menos eficaz en la solución de problemas emocionales y afectivos, cuando tenemos sensaciones y emociones desagradables al cerebro le cuesta concentrarse, calmarse y pensar con claridad. Por el contrario, el cerebro suele ser muy eficaz cuando se trata de resolver problemas donde la razón, el conocimiento y la experiencia se pueden aplicar. Por ejemplo, el determinar cuántos kilos de arroz se necesitan para alimentar a 20 personas puede ser un problema más fácil de resolver al cerebro de un cocinero que controlar un estado de ansiedad en los momentos en que tiene mucha demanda por parte de los comensales.

El cerebro suele realizar conclusiones inútiles cuando se trata de problemas de tipo afectivo. Por lo que el aprendiz debe reconocer que en el área de los afectos y emociones conviene, a veces, pedir consejos, ayuda u opiniones, porque entra en un mundo donde cada quien puede opinar de distinta manera.

El aprendiz sabe que las emociones lo pueden alejar de los demás, que a veces esas emociones y sentimientos lo inhiben o lo alteran y que son obstáculo para su crecimiento. El aprendiz entonces, al reconocer sus debilidades, las llevar mejor, sabe cargar con ellas y las trata como un enfermo que sufre o padece de una enfermedad pero, que no se deja manejar por ella y no lo domina. El maneja su debilidad cumpliendo con las recomendaciones médicas, por ejemplo.

El aprendiz se reconoce como un ser humano normal, que sufre de molestias que lo hacen entristecerse, pero no lo terminan de dominar.

El aprendiz quiere finalizar su vida en el grupo de la "buena gente". No solamente ser considerado buena gente, sino serlo verdaderamente.

No es tema de este libro hablar de la vida después de la muerte, pero hay algo que tiene el ser humano impreso en su corazón que lo lleva a pensar en ganarse la vida eterna.

Los aprendices saben que además de progresar disfrutan del cariño y del amor de otras personas, saben que son útiles, y entienden que eso se gana con esfuerzo.

Los aprendices son alegres, muy útiles en su trabajo o en las actividades donde son aprendices.

El aprendiz está dispuesto a compartir su oficio con los demás. El aprendiz es perseverante precisamente porque siente que tiene que seguir aprendiendo, es solo un aprendiz, persevera porque siente que carece de la suficiencia del que se cree aprendido.

Me atrevo a poner un ejemplo de un buen aprendiz, de una buena persona.

Michael Jordan, quien es conocido mundialmente como buen atleta y excelente ser humano, y quien en su vida como ciudadano y en el básquetbol es considerado como uno de los grandes, es un ejemplo de perseverancia, de constancia para ser un buen atleta y de inspirar a otros atletas que tratan de hacer lo mismo.

También ha hecho mucho bien gracias a su participación en el ambiente deportivo y a través de su propia fundación y otras instituciones caritativas. En cuanto a sus características personales, siempre respetó a sus oponentes, se hizo respetar como atleta, aceptando sus limitaciones y errores. Fue humilde, al reconocer que hizo mucho esfuerzo para superar sus limitaciones, tanto en su camino deportivo como en el personal.

ORDENANDO EL CORAZON

"Este orden en el corazón nos ayuda a poner las cosas en su lugar."

Se puede decir que el aprendiz es una persona que además de empeñarse en aprender y mejorar su disciplina, trata de vivir una vida de paz y tranquilidad interior.

El aprendiz, al buscar su crecimiento en el manejo de sus destrezas, necesita encontrar su paz interior, para así poder desempeñarse mejor en sus acciones. A una persona que no esté tranquila interiormente, se le hace muy difícil realizar un buen trabajo. Es incompatible la ansiedad con la paz interior, por ejemplo.

La ansiedad se caracteriza por generar sentimientos de miedo y tensión, además de una actividad acelerada de algunas funciones corporales.

Por el contrario, la tranquilidad está llena de paz interior, de calma y de seguridad. La ansiedad y la paz interior no son permanentes, fluctúan en su aparición, pero una de la dos debe predominar en tiempo e intensidad.

El aprendiz busca que predomine en su comportamiento la paz interior.

La paz interior va a depender del estilo de vida de la persona, del manejo del estrés, de su estado de salud y de las relaciones de afecto con los que lo rodean.

La tranquilidad y la paz interior son indispensables en la vida cotidiana del aprendiz. Éste dedica tiempo para trabajar, para atender a su familia, cultiva su vida espiritual y trabaja para desarrollar su afectividad.

Podríamos decir que el aprendiz ordena su corazón y lo podría ordenar afectivamente siguiendo más o menos este patrón: primero el amor a Dios, en segundo lugar el amor a la familia y en tercer lugar el quererse a sí mismo.

Este orden en el corazón nos ayuda a poner las cosas en su lugar.

Podemos verlo en personas hospitalizadas por una enfermedad terminal, postrados en una cama, que son capaces de rezar por familiares, amigos y personas que le piden oración, cómo llevan el dolor de su enfermedad muchísimo mejor que los que se sienten desesperados y sin ninguna paz interior, gracias a que los primeros tienen ordenado su corazón.

Por supuesto, el aprendiz que se preocupa por mejorar su calidad de vida interior y psicológica, también mejora su condición de aprendiz.

Los aprendices que además de hacer bien su actividad tienen orden en su corazón, son personas que consiguen una calidad de vida muy superior a los que no tienen ordenado el corazón.

Voy a poner como ejemplo al Papa Juan Pablo II, quien mostró por muchísimos años un profundo amor a Dios, que lo demostraba con su fe, también demostró en muchísimas de sus actividades el amor al prójimo y su capacidad de sacrificarse personalmente, todo en beneficio de los demás.

El Papa Juan Pablo II en todo momento estuvo luchando por la paz mundial, la justicia social y las buenas relaciones entre los pueblos y las personas. Viajó por muchísimos países del mundo, sacrificando su salud y comodidad por el bienestar de los enfermos, los marginados y los pobres.

En su vida vimos cómo su corazón reflejaba su capacidad de perdonar y su amor y cariño por todos los seres humanos. A pesar de todos los obstáculos que se le presentaron, mantuvo su fe en Dios y cumplió hasta el último momento con su trabajo como sucesor de Cristo en la tierra, así como también demostró siempre su cariño y amor por la Iglesia Católica.

Fue muy impresionante verlo sufrir su enfermedad y a pesar de todo seguir trabajando y comportándose cada día mejor.

El Papa Juan Pablo II es un excelentísimo modelo de lo que es un aprendiz. Por su esfuerzo, fue capaz de hablar muchos idiomas y adquirió muchísimos conocimientos teológicos, morales, éticos y tenía una gran cultura general. Se rodeó de grandes maestros, como el Papa Benedicto XVI, quien con sus conocimientos lo apoyó y le sirvió de guía.

Como buen aprendiz, el Papa Juan Pablo II se sustentaba también en las buenas personas que lo rodeaban.

Podemos decir entonces que el aprendiz debe estar muy pendiente de ocuparse de ordenar su corazón.

El aprendiz es un ser biológico que tiene cuerpo; psicológico porque tiene mente, piensa, razona, tiene sentimientos, emociones, memoria. Es un ser social que necesita de los demás para vivir y es un ser espiritual porque necesita de Dios. En resumen es un ser bio, psico, social y espiritual.

Los aspirantes a aprendices no debemos olvidar nuestras dimensiones. Sabernos débiles y apoyarnos en los demás es parte de las revisiones que tenemos que hacernos constantemente. Debemos hacer de vez en cuando una revisión del orden de nuestro corazón, nuestra paz interior y las relaciones con los demás.

Cuando hemos alterado la jerarquía o el orden de nuestro corazón debemos tratar de reagrupar ese orden, revisando la jerarquía de: primero Dios, después los demás y en último lugar nosotros. Esto nos ayudará a corregirnos y a mantenernos pendientes de mantener esa propuesta y así vivir en un equilibrio interno y externo.

LADRON DE SUEÑOS

"El aprendiz sabe que solo con acciones es como se combate al ladrón de sueños."

Un ladrón de sueños puede ser cualquier persona que desanime o acobarde a un aspirante y a un aprendiz.

Un ladrón de sueños puede ser alguien que se tope con algún aprendiz y lo haga dudar de sí mismo o le infunda miedo a fallar o a cometer errores.

Un ladrón de sueños puede influir negativamente o permitir que un que un aprendiz descarte sus sueños de aprendizaje.

El aprendiz que tiene determinación y que es persistente puede vencer a esos ladrones de sueños y hacer que sus sueños se conviertan en realidad.

El buen aprendiz sabe que solo con ideas no se triunfa, ideas produce el cerebro diariamente, pero con las ideas solamente no se construye.

El aprendiz sabe que solo con acciones es como se combate al ladrón de sueños.

Con ideas solamente y proyectos sin ejecución generalmente no se consigue nada. Solo con las acciones se convierten los sueños en realidad.

Los profesores, maestros, entrenadores y guías de aprendices deben tratar de ser pescadores de sueños, es decir, tratar de pescar en cada uno de sus aprendices sus sueños y motivarlos para que esos aprendices centren su trabajo en acciones y las conviertan en realidad.

Los pescadores de sueños pueden ser la gasolina que mueve a los muchachos a seguir adelante y trabajar por eso que sueñan.

El profesor, el entrenador debe estar muy atento, porque muchas veces esos aspirantes o aprendices son tímidos y lentos al principio del emprendimiento de su camino y ellos deben pescar esos sueños para ayudarlos a terminar siendo aprendices destacados y de esa manera los ayuden a rechazar a los ladrones de sueños.

Los pescadores de sueños tienen que darse cuenta de que hay muchos aspirantes a aprendices que se preocupan más de sus debilidades, de sus pequeñas carencias que de sus potencialidades y capacidades de desarrollar grandes talentos o habilidades.

Lo importante es que el aprendiz se enfrente a los desafíos con acciones, pero necesitan muchas veces que sus profesores, sus entrenadores, es decir sus pescadores de sueños, estén atentos y los ayuden a trabajar, a entrenar, a estudiar, o sea, a actuar.

Andrés Galarraga, un pelotero venezolano jugador de béisbol, conocido en los Estados Unidos como "The Big Cat", logró alcanzar sus sueños de Jugador de las Grandes Ligas del Béisbol utilizando su talento, el trabajo duro y la determinación.

Galarraga desde niño mostró sus habilidades y se destacó jugando en los mejores equipos y en las mejores ligas de beisbol en Venezuela hasta que llegó a las Grandes Ligas.

Galarraga enfrentó desafíos, lesiones y enfermedades. Estas dificultades no le hicieron desistir de sus sueños y llegó a ser uno de los mejores peloteros de su época.

A Galarraga lo recordamos por su pasión, valentía y por el apoyo que recibió de un grupo de pescadores de sueños que se consiguió en su carrera de aprendiz.

Los pescadores de sueños juegan un papel muy importante en el crecimiento y desarrollo de los aprendices. Los familiares, amigos, maestros y guías debemos estar ocupados en ser pescadores de sueños.

Los retos, las dificultades, las enfermedades, así como las presiones de todo tipo internas y externas, muchas veces más que restringir son imprescindibles, porque sin ellas el aprendiz no se ve en la necesidad de esforzarse.

Por eso los retos, los constreñimientos, motivan al aprendiz a esforzarse, pero puede ser que el aprendiz no lo vea así y por eso necesita de los pescadores de sueños que apoyan a los aprendices.

No nos olvidemos también de los ladrones de sueños, que tronchan las ilusiones del aprendiz, de esos aprendices que necesitamos para vivir y soñar en un mundo lleno de paz, de progreso y desarrollo para todos.

LIBERTAD Y APRENDIZAJE

"En definitiva, hace "lo que le da la gana", pero esas ganas son las de hacer siempre el bien."

La libertad nos permite escoger lo que queremos hacer y rechazar lo que no, la libertad conlleva también una responsabilidad, por lo que la libertad verdadera está relacionada con el bien.

Cuando realizo algo que es bueno tanto para los demás como para mí, estoy haciendo actos libres, pero cuando selecciono como comportamiento algo que me hace mal o afecta a los demás negativamente, no estoy haciendo un acto libre. Si ese acto que es malo lo repito muchas veces, tengo un vicio.

La libertad y el aprendizaje se complementan, tienen en común que buscan un bien y nos hacen crecer tanto a cada uno como individuo como al colectivo que nos rodea. Por supuesto se puede aprender a hacer el mal y también aprendemos a tener vicios, pero este tipo de comportamientos no nos lleva a la libertad.

El aprendiz trabaja, se esfuerza por aprender. Pero no basta solo con aprender si no que quiere hacer el bien a través de lo aprendido. Es un amante de la libertad y escoge siempre hacer el bien, escoge un bien que está en función de sus intereses, de su temperamento, de sus sentimientos. Es libre, responsable y apegado al aprendizaje.

En definitiva, hace "lo que le da la gana", pero esas ganas son las de hacer siempre el bien.

El aprendiz gasta sus fuerzas principalmente en poner en práctica aprender y ser una persona libre.

Podemos utilizar la libertad y el aprendizaje siempre que queramos hacer un bien.

Estos dos principios, libertad y aprendizaje, aumentan nuestras posibilidades de acción, permiten nuestro desarrollo intelectual, nuestras habilidades y nuestras relaciones interpersonales, porque los demás se dan cuenta de que siempre nos esforzamos por buscar un bien.

El aprendizaje y la libertad nos permiten conocernos mejor a nosotros mismos, nos permiten saber nuestras intenciones, nuestros deseos, qué nos gusta, qué nos disgusta, en qué fallamos, en qué tenemos que mejorar. Hacer el bien nos da paz y nos permite dar lo mejor por los demás y recibir de ellos también respeto y cariño.

La libertad y el aprendizaje nos permiten rechazar con más facilidad lo que no nos conviene y que por supuesto afecta a los demás.

La libertad nos brinda la posibilidad de tomar decisiones y de actuar de acuerdo a nuestras convicciones y nuestros principios morales y deseos de bienestar. Nos permite medir nuestras áreas de interés y nos ayuda a mostrarnos como las personas que somos.

La libertad también nos lleva a aceptar nuestros deberes y derechos. La libertad está atada a nuestra responsabilidad, es decir, la libertad nos permite conocernos profundamente, conocer nuestras creencias, inclinaciones, nos permite el aumento de nuestro autoconocimiento, de nuestro crecimiento personal.

Nelson Mandela fue una persona que supo unir su capacidad de aprender con la libertad. Mandela creía en el alcance que tiene la educación en el desarrollo de la persona, luchaba con esfuerzo por conseguir la igualdad de sus compatriotas y la libertad en Sudáfrica. Todo eso lo llevó a ser un gran guía para el progreso de su pueblo.

Mandela luchó contra el apartheid en su país y esto lo condujo a llegar a ser una especie de Libertador de su pueblo.

Los aprendices tenemos que luchar también por nuestro desarrollo individual, por nuestro crecimiento personal, aprendiendo y escogiendo siempre hacer el bien.

Gracias a Dios tenemos estas dos facultades, la libertad y la capacidad de aprender, es decir, la inteligencia y la voluntad de hacer el bien.

El aprendiz escoge hacer el bien y actúa para lograrlo. El aprendiz se responsabiliza por sus acciones, tanto por lo bueno como por los errores que comete.

El aprendiz progresa porque muestra a través de la acción lo que ha aprendido. El aprendiz muestra libremente sus características individuales, su manera de ser. Ayudándolo todo esto a vivir en paz con su entorno y a manejar mejor sus relaciones con los demás.

En conclusión, el aprendiz es una persona libre, que quiere aprender para el beneficio de los demás y el de propio.

EL CEREBRO COMO SISTEMA COMPLEJO

"No solamente las neuronas conducen actividad sino que también se asocian para frenar alguna función."

Es muy importante que los aprendices conozcan algo sobre el cerebro y específicamente algo de su funcionamiento, de algunas características, de sus áreas de funcionamiento, porque es el órgano donde se centra el aprendizaje.

Además quiero comentar este tema porque yo trabajo con el cerebro, aplicando un procedimiento que se llama Neurofeedback, por medio del cual he podido ayudar a muchas personas a mejorar áreas de su cerebro y que les ha permitido rendir más en su aprendizaje, como por ejemplo, focalizar su atención, estar más tranquilo, mejorar el sueño, controlar sus emociones, estar más alertas, por señalar algunas de las funciones que se trabajan con el Neurofeedbck

El propósito de este libro no es hablar de Neurofeedback. El objetivo es que el aprendiz pueda utilizar algunas ideas y opiniones de este libro para mejorar su tarea de aprendiz.

Por esta razón voy a hablar del cerebro como un sistema complejo. Trataré de explicar algunos puntos que podrían ayudar al aprendiz a mejorar su rendimiento y su crecimiento personal.

El cerebro humano tiene aproximadamente 86.000 millones de neuronas, así como también millones de glías. Las glías no son neuronas pero cumplen funciones de soporte y protección de las neuronas. Todo esto nos habla de lo complejo y fascinante que es el cerebro.

El cerebro está compuesto de varias partes. Cada una de esas partes cumple una función específica, pero a su vez cada una de estas partes trabaja orquestadamente con otros sitios del cerebro.

No solamente las neuronas conducen actividad sino que también se asocian para frenar alguna función. Todo este trabajo es muy complejo y como dije anteriormente, es fascinante.

Sabemos por ejemplo, que **la parte frontal** de la corteza cerebral tiene funciones cognitivas, como el razonamiento. También esa parte se encarga de la expresión de las emociones, la planificación, la atención y por supuesto como se trata de acciones, tiene que ver con las relaciones interpersonales.

Es decir, en esa zona del cerebro se produce todo lo que está relacionado con conductas, comportamientos, respuestas y expresiones.

En conclusión, está relacionada con reacciones de tipo motora, pero hay que recordar que la complejidad del cerebro trabaja con relación a otras zonas e interactúa con otros lugares importantes de todo el cerebro.

Tenemos también **la zona parietal** de la corteza cerebral, que está situada en la parte superior y posterior del cerebro.

Esta zona parietal se caracteriza fundamentalmente por un predominio de la recepción de estímulos y de la percepción sensorial, tanto la percepción de los estímulos que se producen en el cuerpo como estímulos que vienen de fuera del organismo.

También esta zona tiene un predominio sobre la percepción espacial. Por ejemplo, si algún individuo se lesiona esta zona parietal, podría tener problema para reconocer caras de personas y le costaría muchísimo ubicarse en el espacio o conseguir direcciones, por su falta de ubicación en el espacio.

Otra zona de la corteza cerebral, es **la zona occipital**, que está situada en la parte posterior del cerebro y se caracteriza por el procesamiento visual y el manejo y reconocimiento de toda la información que entra por los ojos.

Una persona con daños en la zona occipital del cerebro, se notará con problemas de visión y de percepción visual, es decir, puede confundir la forma de los objetos, ver doble, tener problema de movimiento de los ojos, es decir, hay un predominio en el sentido de la vista en esta zona occipital.

Pasamos ahora a **los lóbulos temporales**, a la zona temporal, que se encuentran en los laterales del cerebro, más o menos alrededor de ambos oídos, que se caracteriza por sus funciones auditivas, de lenguaje, memoria y tiene conexiones con áreas más profundas del cerebro.

Las personas que hayan tenido daño en las zonas relacionadas con los lóbulos temporales, pueden tener problemas con la expresión del lenguaje o la comprensión del mismo. Es decir son zonas que están muy relacionadas con la comunicación verbal y por supuesto escrita.

También tenemos **el cerebelo**, que se encuentra debajo de la parte occipital de la corteza cerebral y entre sus funciones están el manejo del equilibrio, de la coordinación motora y el control de los movimientos.

Cualquier persona que haya tenido alguna enfermedad o accidente que haya impactado sobre el cerebelo, puede tener problemas en sus movimientos, la coordinación, el equilibrio, la intensidad de los movimientos y otros factores que puedan estar relacionados con sus emociones, estilo de vida y su autoestima,

Si nos metemos un poco hacia las profundidades del cerebro, vamos a encontrarnos con lo que podemos llamar **el sistema límbico y el tallo cerebral**. Toda esta zona se caracteriza por el control de funciones vitales como la respiración, el ritmo cardiaco, la presión arterial, el sueño y lo que podríamos llamar la conciencia.

Es decir, cuando hablamos de una persona que tiene problemas en esta zona del sistema límbico y el tallo cerebral, puede quedar en estado de coma, porque pierde la conciencia. También una lesión en esta parte del cerebro puede ser mortal.

El sistema límbico y del tallo cerebral también es llamado el "cerebro viejo", porque todos los mamíferos lo tienen de forma muy parecida al de nuestro cerebro. La diferencia entre los animales y los humanos es que nosotros tenemos muy desarrollada la corteza frontal y pre-frontal del cerebro donde están asentadas las funciones ejecutivas, que tienen que ver con la capacidad de planificar, de reflexionar, de crear y de comunicarse que tiene el ser humano.

PANTALLAS Y MAS PANTALLAS

"Las estadísticas del incremento de niños con los problemas antes citados son alarmantes."

El aprendiz utiliza las pantallas de los aparatos electrónicos para leer información que le es importante para sus actividades intelectuales o para información relevante para su desarrollo personal.

El aprendiz no pierde su tiempo navegando en el celular, viendo videos irrelevantes, escuchando chismes o jugando. El aprendiz le da mucho valor a su tiempo y no lo malgasta con el celular en su mano.

El aprendiz sabe muy bien que el tiempo que le dedica a otras personas, a sus familiares, a sus amigos o asistiendo a una clase, vale mucho más que distraerse con el celular, en una actividad que no lo llena, que no le da dividendos para el aprendizaje, para el crecimiento de los demás o en actividades que no lo ayudan.

El aprendiz prefiere utilizar las pantallas para aprender otro idioma, conseguir un artículo de una revista científica, escuchar la opinión de un experto sobre un tema, leer o escuchar un libro que le ayude a ampliar sus conocimientos o a complementar información acerca de un tema relevante.

Hay personas que pasan 4 y 5 horas navegando en las redes sociales y no sacan ningún beneficio.

El aprendiz sabe que el uso frecuente y por un largo período de tiempo de las pantallas, afecta también a sus hijos, a sus hermanos, a los niños en general.

El uso excesivo de las pantallas induce a problemas de obesidad en los niños, también influye en el pobre desarrollo del lenguaje especialmente en los niños pequeños y en los adolescentes, provoca problemas emocionales, de ansiedad, así como también dificultades muy serias en el manejo de las relaciones interpersonales.

El aprendiz promueve en sus hijos, familiares y amigos el manejo inteligente de las pantallas y también se preocupa en ayudarlos a tomar conciencia del poco beneficio de las mismas y sus posibles consecuencias negativas.

El aprendiz divulga el daño que producen los televisores en las habitaciones de los niños y es fiel creyente de que trae mayor beneficio el contacto con las caras de las personas que el contacto con las pantallas.

El aprendiz sabe también que cuando él usa adecuadamente las pantallas él está dando un buen ejemplo a los que lo rodean, es decir, es coherente, él no usa las pantallas por mucho tiempo y a la vez promueve el poco uso.

El aprendiz sabe que la gente que cuida a los niños pequeños, las maestras, los profesores y muchas personas que influyen en la salud de los niños, están pendientes de que los niños y los adolescentes no usen las pantallas en los centros educativos y en las instituciones donde hay actividades deportivas y culturales. Es decir, muchos maestros están conscientes de los perjuicios del uso de las pantallas.

Lamentablemente existen todavía muchos padres que creen que un niño que maneja a discreción una tablet, un celular, una computadora o pasa mucho tiempo viendo televisión, tiene una ventaja a favor en comparación con los que no las usan.

Pero esto último no es una verdad, todo lo contrario.

Está comprobado en varias investigaciones, que los niños con problemas de lenguaje, con dificultades en las relaciones interpersonales, problemas de salud mental y de obesidad, tienen como denominador común el uso excesivo de las pantallas.

Las estadísticas del incremento de niños con los problemas antes citados son alarmantes.

Yo he visto y he comprobado que niños que usan el lenguaje apropiadamente y sus relaciones interpersonales con otros niños y adultos son excelentes, no usan o tienen muy poco contacto con las pantallas.

Los padres de estos niños se han visto obligados a no tener los equipos electrónicos por razones económicas o porque simplemente han visto en sus hijos el deterioro del lenguaje o que se aíslan en las relaciones interpersonales y han preferido que usen su tiempo en actividades deportivas, recreativas, de arte, de aprendizaje de otro idioma. Estos padres han conseguido grandes beneficios en sus hijos en cuanto a su comunicación y a sus relaciones interpersonales.

El aprendiz promueve más caras y menos pantallas.

TENEMOS ALMA

"El alma es una fuerza que aglutina todos los componentes del ser humano, que le da sentido..."

A nosotros se nos hace fácil creer en la existencia del alma, primero porque tenemos fe y segundo porque la hemos sentido en muchas ocasiones.

¿Quién no ha percibido tener alma en un momento de peligro?

Le podríamos preguntar a una persona que ha viajado en un avión y ha visto por la ventanilla de la nave que hay humo en alguno de los motores o de la turbina del mismo avión y en ese momento, muy seguro que siente el alma.

O una persona mayor que se mira en un espejo y se reconoce a sí mismo, pero observa que su cuerpo ha envejecido. El reconocerse a sí mismo o el darse cuenta de que es la misma persona, eso se debe a la presencia del alma. También se debe dar cuenta de que su cuerpo envejece, pero su alma no. Esas sensaciones, como ya dije, confirman la presencia del alma.

El alma es un componente del ser humano que muchas veces no la tenemos presente, pero influye en nuestra vida cotidiana.

Cuando la persona está perturbada por sus comportamientos inadecuados, sobretodo en el trato con los demás, por sus vicios, por sus enfermedades, siente la presencia de su alma y por supuesto se afecta su vida espiritual, el comportamiento se va descomponiendo cada vez más porque se va afectando su alma. El alma también se mejora como todo lo que pertenece al ser humano y Dios nos da la fórmula para mejorarla.

Nosotros como seres humanos creemos que el alma es inmortal, que después de la muerte corporal sigue la vida del alma.

En la mayoría de nosotros esta verdad sobre la existencia del alma guía nuestro comportamiento. Queremos vivir la vida eterna y los que creemos en Dios quisiéramos vivir cerca de Él.

El aprendiz reconoce esta verdad y tiene la esperanza de que su alma y el alma de sus seres queridos van a continuar existiendo y sabe que hay que mantenerla de forma de que no se enferme, no se perjudique. El aprendiz está seguro de que la mejor forma de lograrlo es llevando una vida plena.

En este libro, como he dicho anteriormente, no pretendo profundizar en la espiritualidad, pero tampoco debo olvidar que el ser humano, como sistema súper complejo, tiene una dimensión espiritual.

Lo interesante de la presencia del alma es que le da al ser humano una condición especial y además lo lleva hacia una dimensión de la vida trascendental.

El aprendiz que reconoce que tiene el alma integrada a su cuerpo entiende que la vida de los demás y la de él tienen un valor infinito y entiende que tiene una misión en esta vida.

El alma es una fuerza que aglutina todos los componentes del ser humano, que le da sentido, hace que cada persona sea alguien en particular y lo hace reconocerse como una criatura hecha por Dios.

El aprendiz lucha paso a paso por llevar un proceso que lo encamine hacia la vida eterna.

En Psicología no podemos comprender muchos comportamientos del ser humano si no tenemos en consideración el alma.

Hay científicos que no aceptan la presencia del alma en el ser humano, porque no la ven, no la sienten. Hay otros científicos que han llegado a tener fe gracias a sus investigaciones.

Si no hubiera alma el ser humano no sería capaz de muchas cosas, probablemente su vida estaría muy limitada, quizás seríamos más parecidos a los animales de lo que con la presencia del alma somos.

Lo más interesante para nosotros los aprendices es que el ser humano tiene una dimensión espiritual, que no debemos olvidar.

El aprendiz reconoce que tiene un alma con la cual se le hace más fácil recorrer el camino, con más optimismo, más entrega, pasión y tranquilidad.

No nos dejemos engañar por supuestos conocedores que niegan la existencia del alma.

¿QUE ESPERA DIOS DEL APRENDIZ?

"Dios quiere que cada aprendiz haga su mayor esfuerzo..."

El aprendiz quiere terminar bien las cosas pequeñas, que los que lo acompañan se beneficien de su trabajo.

El aprendiz no solo estudia y trabaja para aprender, sino para HACER lo que mejor pueda.

El aprendiz muestra sus conocimientos con acciones, no solamente se informa sino que actúa.

El aprendiz no es solo un estudiante que saca buenas notas en sus estudios. El aprendiz además de ser buen estudiante, buen trabajador, deportista, artista, realiza su oficio, su actividad para hacer el bien a los que lo rodean.

El aprendiz no se siente obligado a hacer las cosas. El aprendiz como dijimos anteriormente, libremente escoge hacer el bien. Busca lo bueno y rechaza o evita lo malo.

El aprendiz reconoce su debilidad, muchas veces se siente frágil o ignorante, pero lucha por mejorar.

El que cree que sabe todo, el que cree que ya no tiene nada que aprender en una disciplina, no es un aprendiz.

El aprendiz puede ser tímido, introvertido. Lo que no puede ser un aprendiz es creerse sabio, conocedor de todo, genio.

El aprendiz se sabe poca cosa en lo que se refiere a conocimientos, pero tiene suficiente autoestima para luchar por el beneficio de los demás y de él mismo.

El aprendiz observa todo lo que está a su alrededor y trata de poner un granito de arena para que eso que lo rodea mejore.

En definitiva, yo quisiera que con la lectura de este libro se llegara a la conclusión de que el aprendiz no está hecho en serie, el aprendiz es único, original y especial.

El aprendiz vive en un mundo lleno de posibilidades de progreso, largo o corto, pero vive para aprender a ser mejor persona, para ser útil y servicial.

Debemos concluir, con la respuesta a la pregunta ¿Qué espera Dios del aprendiz? Dios quiere que cada aprendiz haga su mayor esfuerzo en hacer su trabajo de la mejor manera y con la mayor calidad que pueda.

Cuando me propuse escribir sobre El Aprendiz no esperaba que pudiera escribir tanto.

Pero cuando empecé a pensar en que me gustaría que mi país y el mundo estuvieran habitados por muchos aprendices y que esos aprendices pudieran contribuir al desarrollo de muchos empleos, en beneficio de la producción, de la construcción, llenar las universidades de aprendices, que todas as instituciones educativas estuvieran repletas también de aprendices, me animé a seguir escribiendo y éste es el producto de esas reflexiones, que surgen de mi experiencia como un simple aspirante a aprendiz.

CONCLUSIONES

El aprendiz es un ser humano que quiere aprender y se arriesga, como primer paso en su proceso de aprendizaje, se atreve a escoger un camino para su vida futura.

Se arriesga a ganar o perder, recorriendo el camino donde quiere conseguir su profesión, destacarse en su deporte, ser un buen artista o en cualquier oficio que escoja.

El aprendiz está claro en que puede aprender cualquier cosa que se proponga, porque sabe que es capaz de aprender, siempre y cuando persista en su papel de aprendiz.

Muchas veces le puede pasar que le da la impresión de que sus esfuerzos son en vano, pero esos momentos donde no siente progreso son en los que debe disfrutar más, porque esa sensación de ineficacia pronto lo llevará a un salto de calidad.

El aprendiz tiene la seguridad de que los errores y los fracasos los puede vencer con acciones inteligentes, sabe levantarse de sus caídas porque de ellas aprende.

El aprendiz no le tiene miedo al fracaso, se atreve a enfrentar sus caídas y reta al fracaso con acciones deliberadas.

El aprendiz es muy creativo, pero más que perseguir la creatividad busca ayudar a los demás, ser útil y servicial.

El aprendiz es un luchador, que se enfrenta a las tentaciones que lo quieren alejar de su entrega al aprendizaje.

La curiosidad la utiliza para aprender y motivarse y también se interesa por mantenerse dentro del proceso de aprendizaje.

Aprovecha su talento para servir, piensa mucho en el beneficio que puede proyectar en los demás más que en el beneficio propio, entendiendo que el beneficio personal llegará cuando deba llegar.

El aprendiz se concentra en el día a día, se esmera por estar en el presente, utiliza el pasado como experiencia y el futuro lo tiene como referencia.

La grandeza para el aprendiz está en lo pequeño, en el detalle, en terminar bien lo que hace.

Quiere ser buena gente, quiere pertenecer al grupo de los que son respetados por hacer las cosas bien, esto le da prestigio.

El aprendiz ordena sus sentimientos. En primer lugar pone a Dios, en el segundo a los demás y por ultimo él. Así ordena su corazón.

El aprendiz es y se rodea de pescadores de sueños y está seguro de que con acciones elimina a los ladrones de sueños.

Ama la libertad y está muy claro en que ser libre está en buscar hacer las cosas buenas y en escoger hacer el bien, pero siempre asume su responsabilidad.

El aprendiz se instruye en aprender cómo trabaja su cerebro porque acepta que el cerebro es un sistema muy complejo, que es el órgano donde se procesa el aprendizaje, el razonamiento, el conocimiento y la toma de decisiones, así como también en el cerebro es donde se asienta la capacidad de planificar. Es decir, las funciones cognitivas son potestad del cerebro.

El aprendiz también se ha dado cuenta de que el cerebro no es muy bueno cuando se trata de resolver problemas sentimentales y el manejo de las emociones.

Como aprendiz usa poco las pantallas y promueve el uso correcto de las mismas entre sus familiares y amigos.

Le da importancia a un componente central del ser humano que a veces es olvidado, que es el alma. Y el aprendiz sabe que posee una parte espiritual, que es esencial y que influye en su comportamiento.

Y para terminar esta lista de cualidades del aprendiz, también entiende que Dios quiere para él que dé lo mejor que tiene y que se esfuerce en promover la paz y la alegría en el hogar, en su trabajo y en todos los aspectos de su vida en general.

Si en alguna parte de esta lectura, alguien se siente identificado y piensa: "Yo creo que yo soy un aprendiz" o "Se parece a mí esa característica del aprendiz".

O también si alguien dice: "Me gustaría ser un aprendiz como ése" o "Qué tipo tan buena gente es ese aprendiz, quiero ser como él".

O si a alguna persona, a algún lector, le despertó algo en su interior, como un sentimiento, un propósito, una buena intención, una inspiración.

Yo diré: "Valió la pena".

SOBRE EL AUTOR

Luis Enrique Aguerrevere Machado Nació en Caracas, Venezuela en 1948, Psicólogo de la Universidad Católica Andrés Bello 1971. Profesor de la Escuela Básica de Medicina UCV. Escuela de Educación de la UCAB y Escuela de Medicina de la Universidad Lisandro Alvarado. Fellowship en The Johns Hopkins University, en Pediatric Psychology y Behavioral Science en 1979. Postgrado en Neuropsicología y Demencia 2008 Universidad de Barcelona, España. Neurofeedback desde 2001. Actualmente, ejercicio privado Neurofeedback y Neuropsicología, en Barquisimeto, Venezuela.

Made in the USA
Middletown, DE
12 November 2024

64443443R00060